美丽中国系列
Beautiful China

100古城畅游通

王学典 主编
壹号图编辑部 编著

江苏凤凰科学技术出版社

图书在版编目（CIP）数据

100 古城畅游通 / 王学典主编；壹号图编辑部编著
. -- 南京：江苏凤凰科学技术出版社，2017.11（2018.2 重印）
（含章 . 美丽中国系列）
ISBN 978-7-5537-8099-3

Ⅰ . ① 1… Ⅱ . ①王… ②壹… Ⅲ . ①古城 – 介绍 – 中
国 Ⅳ . ① K928.5

中国版本图书馆 CIP 数据核字 (2017) 第 068750 号

100古城畅游通

主　　编	王学典
编　　著	壹号图编辑部
责任编辑	张远文
责任监制	曹叶平　　方　晨
出版发行	江苏凤凰科学技术出版社
出版社地址	南京市湖南路 1 号 A 楼，邮编：210009
出版社网址	http://www.pspress.cn
印　　刷	北京旭丰源印刷技术有限公司
开　　本	718mm × 1 000mm　1/16
印　　张	16
字　　数	350 000
版　　次	2017年11月第1版
印　　次	2018年2月第2次印刷
标准书号	ISBN 978-7-5537-8099-3
定　　价	49.80元

图书如有印装质量问题，可随时向我社出版科调换。

前言

中国，作为一个有着 5000 年文明史的古国，历史悠久，文化灿烂，滚滚长江、滔滔黄河奔涌不息，泱泱华夏生机勃勃、生命不止。古老的先民在这片辽阔的大地上创造了灿烂的文明，那历经百年风雨兴衰、千年岁月洗礼的古城，是中华大地上永放光芒的珍宝，令我们自豪。它们散布在各个省市，守着自己独特深邃的风景静待知者到访。

游览古城，不只要观其历史多么悠久、城墙多么斑驳、建筑多么老旧、风情多么别致，更在于体会其整体的精神气蕴，是威武霸气，还是谦和静默？是妩媚柔婉，还是刚劲有节？是盛装严服，还是不施粉黛？所有这些特质又是如何与它的人文景观相融起来的呢？倘能理通此一节，方算不负此城历尽劫毁后的艰难幸存。

走进古城，望见高大城楼的那一刻或触到斑驳城墙的那一秒，电光火石间，时空的大门仿佛被打开，此城经历的风云变幻、兴衰更迭、血雨腥风或无限荣光都一一涌入脑海，将士的嘶吼呐喊或歌女的丝竹之声也似乎缥缈可闻，一座座躺在史书里静默无言的城池忽然生动活泼起来！它们或是千年古都，或是边陲重镇，或是海防要塞，或是江南水城，面貌有别，风采各异。它们有敦实厚重的古城墙、年代久远的古建筑、形式别致的古桥梁、精致玲珑的亭台楼阁，还有各具特色的风味小吃、多姿多彩的民俗文化和民间艺术，凡此种种，无一不令人欢喜赞叹、着迷沉醉。古城之所以迷人，并不仅仅在于其与众不同的物质存在，比如建筑和山水，而更在于其本身的历史、故事和文化，令你越是走近它就越想了解它，越是了解它就越难忘掉它。它们是璀璨的人文遗迹和优美的自然景观的和谐统一，诉说着东方最古老神秘的国度说不完道不尽的故事。这就是古城的魅力。

世界太大了，不是每个人都有机会览遍最美的风景，所以，本书特意甄选了 100 座最具代表性的古城，使那些渴望一亲这些“古典美人”芳泽的爱好者可以在字里行间踏遍华夏、畅游古今，欣赏中华大地上的不朽胜景。

在本书编写过程中，浙江旅游职业学院江涛教授为本书提供了部分参考资料和图片，并给出了许多宝贵的修改意见，使得本书内容更为严谨、实用。在此也感谢江涛老师对本书的贡献和支持！

目录

第一章 华东地区古城

第二章 华北地区古城

第六章
西北地区古城

第七章
东北地区古城

第一章

华东地区古城

上海 东方明珠

提起上海，人们总能想到很多，老上海时尚之街霞飞路、叮叮声里来回穿梭的电车、洋溢着小资情调的咖啡馆、承载着上海人难忘回忆的石库门和老弄堂……这座屹立于长江入海口的东方大都市，拥有古老厚重的历史文化和众多的名胜古迹。江南吴越传统文化与外来的多样文化在这里碰撞、融合，并不断延续，形成了上海独具一格的海派文化。

在上海市中心的闹市深处隐藏着一个古朴、典雅的园林——豫园。这是一座始建于1559年嘉靖时期的古老园林，至今已有450多年的历史。早期的它是一座私人园林，由当年的刑部尚书潘恩之子潘允端购买建园，此后历经50多年，耗尽万贯家财直至万历末年竣工。园内亭台楼阁错落有致，廊阁曲径回环相连，花草树木巧妙分置，假山怪石峥嵘嶙峋，湖光池水潋滟风情，古色古香的建筑在花树古木的掩映下显得小巧玲珑，使此处的风光格外旖旎，清新明丽。规模宏大、景色秀美的豫园因“陆具岭涧洞壑之胜，水极岛滩梁渡之趣”而被认为是和苏州拙政园、太仓

豫园临水的楼阁古色古香，错落有致地掩映在花树古木的苍翠之中。

弇山园媲美的“东南名园冠”。漫步园内，两宜轩、点春堂、和煦堂、玉玲珑、玉华堂等各个盛景尽收眼中，美不胜收。每年的上元节，豫园元宵灯会奇彩异常，大街小巷上群灯似海，各式各样的花灯琳琅满目，火树银花，若是从上空俯瞰，犹如灯火如昼的仙市，异常璀璨。

坐落于上海市繁华市区的城隍庙，是上海这座大都市著名的道教宫观。在我国几乎每个稍大一些的古城中都会有城隍庙，“城”即城池，“隍”即干涸的护城河，“城”和“隍”都是城市重要的军事设备。虽然每个城隍庙里供奉的塑像不同，但都是当地历史上为城市做出过贡献的先贤，上海的城隍庙也不外如是。上海的城隍庙传说是三国时吴主孙皓所建，后在明朝永乐年间改建为城隍庙，是一个由多个殿庙组成的建筑群，庙内的城隍大殿内主要供奉金山神主即汉代博陆侯霍光大将军的塑像。城隍庙规模宏大，除了大殿还有元辰殿、慈航殿、财神殿、城隍殿、娘娘殿、父母殿、文昌殿以及关圣殿等众多功能各不相同的殿宇。此外每年的春节至元宵节，城隍庙都会举办新春灯会，沿街灯影迷离，斑驳陆离，被列为国家非物质文化遗产，吸引了无数游人。这里可以说得上是上海市中国传统元素最丰富最集中的地方，是来到上海不能错过的美景。

城隍庙地处上海的闹市，店铺林立，游人如织。

旅游小贴士

地理位置：上海市

最佳时节：春、秋季

旅游景点：豫园、城隍庙、龙华寺、外滩、东方明珠、万国建筑群等

特色风味：南翔小笼包、蟹壳黄、锅贴、枣泥酥、鱼容春卷、蟹黄灌汤包

万国建筑群就好像一颗散发着莹莹光辉的明珠点缀在外滩上。

提到江南名刹古寺，没有人会忘记这个响亮的名字——龙华寺，这座寺庙伫立在繁华的上海已经几百年了，汩汩东流的长江水洗尽了多少尘埃，也抹不去它的故事。龙华寺的历史可以追溯到宋代，对佛教寺院略有了解的人一看到伽蓝七堂制，基本上也能猜到这点。现在的龙华寺尽管没有传说里的富丽堂皇，但是古朴典雅的气息还在，沿着中轴线望去，一路上弥勒殿、天王殿、三圣殿、观音殿等高高耸立，蔚为壮观。

曾经的十里洋场到了今日依旧洋气十足、美丽迷人，而外滩就是上海这座东方大都市最亮丽的一道风景线。外滩就好像镶嵌在黄浦江畔的一颗明珠，故而它也被称为黄浦滩，共长1.5千米，东靠黄浦江，从南面的延安东路开始，向北直至苏州河外白渡桥。这里的建筑不仅有中国传统建筑，还有极具异国风情的西方建筑，其中以风格迥异的“万国建筑群”最为醒目，主要包括高耸尖塔式的哥特式建筑、富丽堂皇的巴洛克式建筑、恢宏庄严的罗马式建筑等。黄浦江的对岸还有东方明珠电视塔和上海中心大厦等众多上海标志性建筑。复古与现代的结合使这里成为上海的标志之一，也是上海历史记忆的经典再现。来到上海的游客，必定会到外滩来走一走，欣赏那风格迥异的建筑，霓虹如昼的外滩夜景，以及黄埔江畔的潮起潮落。

上海这座“不夜城”，不仅有旧时的异国情调，也有现代大都市明快的节奏和步调。她近百年来沧海桑田的变化折射出中西文化胶着与融合的时代特色。

东方明珠广播电视塔是上海标志性建筑之一，塔高约468米，可登顶拍摄周围远景。

南京 六朝金粉地

南京，这个六朝古都隐藏着多少南朝往事，埋葬着多少帝王将相，流传着多少才子佳人的风花雪月。乌衣巷口，金陵河畔，青砖古木，玉石皇陵，每一处每一物都在诉说着古都的无尽沧桑。

“江南佳丽地，金陵帝王州”，南京古称金陵，位于长江中下游的富庶地区，位列我国四大古都之一，有着“六朝古都”“十朝都会”的称号。它是中华文明的重要发源地之一，拥有7000多年的文明史和近3000年的建城史，更是一座重文崇教的城市，“天下文枢”之名由来已久。这样一个古韵悠悠、文化气息浓厚、古迹众多的城市，来到这里就像来到了博物馆，触目都是历史。

“烟笼寒水月笼沙，夜泊秦淮近酒家”，杜牧的一首《泊秦淮》使秦淮河盛名扬于天下。秦淮河大部分流域都在南京市内，古时这里名为“淮水”，又叫“龙藏浦”，相传秦始皇东巡时，经过南京，为了方便船只行驶，就下令开凿了一条

旅游小贴士

地理位置： 江苏省南京市

最佳时节： 春、秋季

旅游景点： 秦淮河、夫子庙、玄武湖、明孝陵、中山陵、鸡鸣寺、静海寺、灵谷寺

特色风味： 雨花茶、开洋干丝、蟹壳黄烧饼、桂花夹心小元宵、南京板鸭、盐水鸭、脆皮牛柳、水煮鳝片

连接长江淮河的人工运河，因而得名“秦淮河”。这条南京的第一大河由句容河和溧水河合流而成，通过通济门外的九龙桥，分成了内河和外河两条支流，正流就是有“十里秦淮”之称的内秦淮河。这条短短的十里长河，从六朝时期便是名门望族的聚集之地，这里不仅商贾众多，还汇集着许多文人墨客，儒学在这里也兴盛起来。到了明清时期，秦淮河的兴盛发展到了顶峰。从古至今有无数的文人墨客在这短短的十里长河上吟咏歌颂，前有李白、杜甫，后有孔尚任和吴敬梓等诗文大家，为秦淮河留下了美丽的诗篇。

秦淮河如此的繁华，不仅是因为它处于南京这个政治中心，还因为它是南京乃至整个江南的文化渊源之地。在秦淮河的两岸伫立着夫子庙、江南贡院、东南第一学府等诸多建筑。夫子庙位于秦淮河北岸的贡院街旁，于宋朝景祐年间在东晋学宫的旧址上开始兴建的，是供奉和祭祀孔子的地方，为我国的四大文庙之一。今日的夫子庙周围街市繁华，各种特色小吃应有尽有，还有被称为中国十大夜景之一的夫子庙夜景，让你大饱眼福。

明孝陵是明太祖朱元璋与其皇后的合葬陵墓，坐落于南京市钟山南麓独龙阜玩珠峰下，被东部中山陵和南部梅花山所环绕，已经历了 600 多年的风雨沧桑。整个陵区规模宏大，占地面积 170 多万平方米，是我国历史上帝王陵寝规模最大的陵园之一。明孝陵的布局不同于常见的呈中轴对称分布的帝陵布局，它的神

古木夹道、石雕林立的明孝陵古道。

被誉为“中国建筑史上第一陵”的中山陵。

道与地宫并不在一条直线上，而是按照北斗七星天象形状的结构布局。这种不同于以往的陵墓设计与建造结构直接影响着明清两个朝代 20 多座帝王陵寝的形制。因此，明孝陵在我国帝陵发展史上有着不可替代的地位，被誉为“明清皇家第一陵”。

来到南京还有一处标志性的景点，不去就不能算到过南京，那便是坐落在南京市东郊紫金山南麓的中山陵，它是中国民主革命的先行者孙中山的陵墓。依山而建的中山陵将中国传统的建筑元素与西方建筑艺术相结合，使之既恢宏大气又庄重简朴，被誉为“中国建筑史上第一陵”。

中山陵整个建筑群依山势而建，由南往北沿中轴线逐渐升高。

作为中国四大古都之一的南京，文化底蕴深厚，旅游景点众多，除钟山风景名胜区、秦淮风光带等自然景观外，还有许多佛教古迹。坐落在南京鸡笼山东边的鸡鸣寺，其历史源起于西晋，素有“南朝第一寺”的美誉。作为明朝十大律寺之一的静海寺，坐落在南京狮子山西南，明清之际的静海寺可谓是名噪一时，享有“金陵八大寺之最”的赞誉。还有坐落在南京紫金山、与中山陵毗邻的灵谷寺，据说始建于南朝，明皇帝朱元璋封其为“天下第一禅林”。

被誉为“南朝第一寺”“南朝四百八十寺之首”的鸡鸣寺。

朱自清曾在《南京》一文中说：“逛南京像逛古董铺子，到处都有些时代侵蚀的遗痕。你可以摩挲，可以凭吊，可以悠然遐想；想到六朝的兴废，王谢的风流，秦淮的艳迹。”穿梭在秦淮河畔，伫立在夫子庙前，信步于中山陵上……轻轻抚摸，静静品味，那沉淀在时光深处的历史，依旧鲜活。

常熟 江南福地

常熟，一座拥有千年历史文化的名城，东北部与长江黄金水道相临，四周环绕着上海、苏州、无锡、昆山等城市，因“土壤膏沃，岁无水旱之灾”而得名。常熟地理位置优越、文化历史悠久、风光秀丽怡人、物产资源丰富，是江南大地上一颗璀璨的明珠，被誉为“江南鱼米之乡”“江南福地”。

山清水秀、土肥水美的常熟早在5000多年前就已有人类在这方土地上繁衍生息，3000多年前在此建城，是吴文化的发祥地之一。历经几千年沧桑岁月的常熟，依然保留着明清时期城市的基本格局。古城四周河水环绕，古桥林立，城内粉墙黛瓦的民居错落有致，古径曲巷悠远宁静，一幅“七溪流水皆通海，十里青山半入城”的如画风貌，一处集山、水、城、园于一体的吴中风情。

常熟城南的沙家浜曾经是新四军的抗日游击根据地之一，纪念馆内众多史料将抗日英雄的故事生动演绎。

提到常熟，人们总会想起那著名的京剧唱段《沙家浜》。沙家浜原名横泾乡，地处常熟城南的阳澄湖畔，水面广阔、芦苇繁茂，一眼望去犹如无边无际的碧绿草地，清风拂过，芦苇荡漾如粼粼绿涛，十分壮美。乘坐古色古香的小舟游荡于纵横交错的河巷里、茂密繁盛的芦苇丛间，洁白的水花、咿呀的橹声、啁啾的鸟鸣、青青的芦苇、淡淡的苇香，好一幅悠闲惬意的画面。来到红石村，可以领略江南水乡的小村风貌，可以体验当地独特的民俗风情，也可以去史料馆学习那段艰难岁月的峥嵘历史，更可以在这清新自然的风景中静静垂钓、悠然品茗。走进广场西侧的沙家浜革命历史纪念馆中，即可了解沙家浜曾经激荡人心的岁月与今日取得的辉煌成果。

尚湖在当地被称为“西湖”或“山前湖”，风景秀丽，景色宜人。

尚湖又称尚湖湾，位于常熟古城西，虞山南侧，水域面积达 8 平方千米，相传因隐居于虞山的姜太公吕尚常在此湖中钓鱼，故而得名“尚湖”。以尚湖为主体的风景区内建有荷香洲、桃花岛、钓鱼渚、枫林洲、烟雨洲等七大景观，人造景色与自然景观相结合，形成了湖岛相嵌套的独特景致。由于良好的水质和优美的环境，这里引来了众多鸟类栖息，成为鸟儿的乐园，随处可见它们或嬉戏玩耍，或自由翱翔，或振翅击浪的画面。“猎猎葭芦老，飞飞鸿雁多”的动人场景，让人心醉。

在常熟市区以东的古里镇，坐落着一座建于清乾隆年间的书楼——铁琴铜剑楼，与山东“海源阁”、归安“皕宋楼”、钱塘江“八千卷楼”并称为清代四大私家藏书楼，距今已有 200 多年的历史。铁琴铜剑楼原名“恬裕斋”，是由常熟人瞿绍基始创，由于书楼的楼主多为淡泊名利之人，主要以藏书与读书为乐。在所有器物中，瞿氏最为钟爱收藏到的一台铁琴与一把铜剑，铁琴铜剑楼之名便由此而来。书楼中所收藏的书籍数量之多、种类之丰富、质量之高令世人震撼，也为后世留下了宝贵的财富。

“人文昌盛之邦，文物著于江南”的常熟人文荟萃，钟灵毓秀，吴文化始祖仲雍、虞山琴派创始人严天池、明末清初八大才女柳如是、清初文坛领袖钱谦益等都曾在这片土地上留下遗迹；历史上著名的琴派之一虞山派也诞生于此地，虞山派“上承浙派精华，下启广陵琴风”，是当之无愧的“古音正宗”。

旅游小贴士

地理位置：江苏省常熟市

最佳时节：秋季

旅游景点：沙家浜、尚湖、虞山、铁琴铜剑楼等

特色风味：莲子血糯饭、叫花鸡、蕈油面、爆炒黄鳝、支塘酒酿饼、黄花鱼、桂花酒

扬州 广陵明月城

“故人西辞黄鹤楼，烟花三月下扬州”，扬州这座历史文化名城，就像一座厚重的宫殿，一本阅不尽的古籍，一幅赏不尽的名画，2500 多年的历史积淀造就了扬州光辉灿烂的文化，孕育了丰富多彩的景色，遗留下了厚重沧桑的名胜古迹。

扬州古称广陵、江都，位于江苏省中部、长江下游北岸，是华夏古“九州”之一。自公元前吴王夫差筑邗城而起，扬州已有 2500 多年的建城史；隋炀帝开凿通济渠后，纵贯南北的京杭大运河与长江交汇于此，于是扬州成为全国水陆交通的重要枢纽，南北漕运的集散地。这座古老的历史文化名城不仅是江淮地区的文化中心，也是中外商客云集之所，风物繁华、人文荟萃。

来到扬州这个美丽迷人的城市，在那数不尽的万千景致中，人们第一个想到的总是“瘦西湖”。瘦西湖原名保障河，由于曾经缺乏疏通，湖心淤塞，一片荒芜，当地的官绅和盐商富贾在乾隆临幸扬州时，为迎合圣心便出资疏浚营造，沿岸的亭台楼阁也于当时兴建。天下“西湖”众多，而扬州的瘦西湖却一反常态地以“瘦”为美，并且扬名天下，一个“瘦”字就将它纤秀、俊俏、苗条的风韵表达了出来，真可谓画龙点睛。风华绝代的瘦西湖是国家重点风景名胜区，拥有卷石洞天、长堤春柳，四桥烟雨、徐园、梅岭春深、木樨书屋、月观、钓鱼台等多个著名景点。无论是漫步长堤，游走徐园，或者是泛舟湖上，那一幅幅天然的山水画卷，那一排排清雅古典的临水楼阁都仿佛是神来之笔，令人心醉，让人神迷。瘦西湖虽不像杭州西湖名气甚大，但古往今来略显淡雅安静和含蓄的它也从不缺乏文人墨客、风流雅士为它留下无尽的赞美。

自古以来“东南园林甲天下，二分明月在扬州”，各具特色的园林将扬州打造成“城在园中，园在城中”的城市，在扬州随处都能欣赏到融合了北方的疏阔大气与南方的精致秀丽的扬州园林。其中位于扬州市东北的个园是我国四大名园之一，于清嘉庆二十三年（1818 年）为清两淮盐业商总黄至筠所创建，是一处典型的私家住宅园林。因园中竹林广植，且为主人所喜爱，而竹叶形似“个”字，故得名个园。个园宅院布局合理，结构严谨，

旅游小贴士

地理位置：江苏省扬州市

最佳时节：夏季

旅游景点：瘦西湖、个园、东关街等

特色风味：蟹壳黄、萝卜酥饼、鸡丝卷、豆腐卷、四喜汤团、葱油酥饼

瘦西湖原名保障湖，位于江苏省扬州市城西北郊。“瘦西湖”之名最早见于文献记载为清初吴绮《扬州鼓吹词序》：“城北一水通平山堂，名瘦西湖，本名保障湖。”瘦西湖在清代康乾时期已形成基本格局，有“园林之盛，甲于天下”之誉。

个园位于扬州古城东北隅，以遍植青竹而名，以春夏秋冬四季假山而胜。融造园法则与山水画理于一体，被园林泰斗陈从周先生誉为“国内孤例”。

区域分明，园子的南部为住宅区，中部花园巧置，北部竹林婆娑。这座古老而又典雅的园子内假山、池水、古木花草、亭台楼阁清幽秀丽，玲珑剔透，布局尤为精巧细腻，极具江南园林的风格，被誉为江南园林中的一颗明珠。而园内还有一处最为独特的景，那便是“四季假山”，各个山石用不同的石料堆砌而成，在宜雨轩四周沿顺势的方向，可游览春夏秋冬四季不同的景，“春景艳冶而如笑，夏山苍翠而如滴，秋山明净而如妆，冬景惨淡而如睡”，精巧的构思与新颖的设计，令人啧啧称奇。

游扬州，看完景，吟完诗，要想体验扬州最浓厚的地域文化，那么东关街是不可不去的。东关街是扬州城中极具代表性的一条历史老街，是由唐代扬州最繁华的交通要冲利津古渡催生出的一条繁华街道，从西边的国庆路一直延伸到东边的古运河边。关东街内由长条石铺就的路巷呈“鱼骨状”延伸，街道两旁明清风格的建筑鳞次栉比，各行各业的商铺比比皆是，扬州的手工艺品、各种特色小吃都隐藏于这条街道之中。

扬州这座古老的城市，这片传奇的土地，美丽如画，动人如诗。徜徉在那古老的石板桥上，品味湖畔怡然风光，看到的是水中舟穿桥而过，听到的是柔美的吴侬软语。漫步于那悠悠小巷中，庞杂的小巷纵横交错，看到的是风格迥异的建筑，听到的是一段段沧桑的故事。在这厚重如书、灵动如水、醇厚如酒的城市，一杯清茶，一方木质桌椅，一碟阿婆菜，好不惬意。

东关街繁华的街景。

徐州 两汉文化之乡

徐州又名“彭城”，坐落在江苏省的西北部，北临微山湖，南接宿迁，东与连云港相邻，中有京杭大运河穿城而过，自古便是“五省通衢”的要地，更承担着守护南国门户的要责，成为兵家必争之地。作为华夏九州之一的徐州历史悠久，有着 6000 年文明史和 2600 年的建城史，两汉文化发源于此，“彭祖故国、刘邦故里、项羽故都”皆为其名。有着“九州帝王徐州籍”的徐州有着丰厚的文化底蕴和繁多的历史胜迹，被誉为“东方雅典”。

旅游小贴士

地理位置： 江苏省徐州市

最佳时节： 春、秋季

旅游景点： 汉文化景区、彭祖园、云龙湖等

特色风味： 徐州地锅鸡、葱烧孤雁、鸳鸯鸡、乐天鸭子、徐州三鲤、东坡回赠肉、锅贴饺

正所谓“秦唐看西安，明清看北京，两汉看徐州”，在徐州这片古老的土地上遗存下了众多汉朝遗迹。两汉彩绘兵马俑续写了又一个盛世的不朽传奇，狮子山楚王陵展示了汉朝皇室的威仪，有着“东方金字塔”之称的龟山汉墓再现西汉建筑之精华，戏马台诉说了盖世英雄项羽的风采，还有“沛县古八景”之一的歌风台，泗水亭、子房祠、羊鬼山展亭等，带领我们走进两汉时期的光辉岁月，领略两汉辉煌灿烂的历史和古老悠久的文化。

云龙湖原名“簸箕洼”，位于徐州城区的西南部，东部的云龙山、西部的韩山、天齐山、南部的泉山、珠山环绕四周，形成了三面青山一面城的秀美风光。已实现了苏轼设想的“若能引上游丁塘湖之水，则北湖俨若杭州”的云龙湖，景色之美毫不逊色于西湖。湖中碧水涟涟、水鸟嬉戏，湖畔杨柳依依、碧草青青，古朴厚重的石桥横卧碧水之上，亭榭楼阁掩映于繁花绿树之间，泛舟于碧水之上，近可赏涟涟柔波，远可观茫茫青山，悠然自得。漫步于湖畔，清风拂面，柳丝轻语，淡淡的花香飘荡，欢快的鸟儿歌唱，美丽如画的风景，旖旎多姿的风情，尽入心间。

风景如画、美丽多姿的云龙湖。

彭祖园位于徐州南郊的马棚山，西连云龙山，东邻烈士陵园，南与凤凰山相望，南北走向、中部高四周低的地形仿若一把藤椅倒置于天地间。相传徐州是从 4000 多年前帝尧时期彭祖建大彭国开始的，彭祖园便是为纪念徐州的始祖彭祖而修建的，园区内自然景观与人文景观相结合，景观丰富，环境清幽。彭祖园内的彭祖祠便供奉着大彭国的开创者、彭姓的始祖——彭祖，相传彭祖活到了 800 岁，所以他又被称为“华夏第一寿星”。这处并不大的地方是华夏彭氏子孙的祭祖圣地，每年前来祭拜者络绎不绝。

徐州，有着“千年飞龙地，一代帝王乡”的美誉，刘邦、刘秀、刘裕、刘备、曹丕、萧道成、朱温、李昪、朱元璋 9 代皇帝皆为徐州籍；这里还汇集了历史上众多名士大家——白居易、刘禹锡、苏轼、陈师道、文天祥、方孝孺等，正是因为他们才有了人杰地灵、人文荟萃的徐州。

彭祖园，简称彭园，位于徐州市南郊，是为纪念徐州的始祖彭祖而建的一个自然景观与人文景观兼备、以动物观赏与植物观赏为主要内容、游览与休息相结合的大型综合性公园。

古老悠久的徐州不仅有积淀深厚的两汉文化，更有着“曲艺之乡”的称号，有 300 多年历史的梆子戏，200 多年历史的柳琴戏，还有徽剧、花鼓戏、四平调、皮影戏、评剧等，众多戏剧艺术丰富着徐州人的生活。徐州的民间艺术历史悠久、辉煌灿烂，新石器时代的彩陶、汉代的汉画像石，剪纸、面人、木雕、风筝、彩灯、木板年画、刺绣等民间工艺异彩纷呈，展示着徐州多彩的文化和悠久的历史。

苏州 园林之乡

苏州又名姑苏、平江，位于江苏省的东南部，长江三角洲的腹地，与上海、嘉兴等城市相邻，素来有“江南园林甲天下，苏州园林甲江南”的美誉，又因江南水乡小桥流水人家的古城特色，被誉为“东方水都”。自春秋时期吴国阖闾命伍子胥在此建城并迁都于此开始，2500 多年的历史为苏州积淀下深厚的吴文化底蕴，其古迹遗址的密集程度仅次于北京和西安。

“画廊金粉半零星，池馆苍苔一片青。踏草怕泥新绣袜，惜花疼煞小金铃。”这种清新明丽的意境似乎专为苏州园林所写，也似乎只有在苏州园林存在。苏州的园林就像江南水乡小家碧玉的女子，一颦一笑，一动一静间都散发着温柔的美。苏州的园林也好似一幅山水画，青山秀水，曲径通幽。小巧玲珑的假山与精致秀美的亭台楼阁错落有致，虽没有皇家园林的气派和霸气，却将苏州园林小巧精致之美展现得淋漓尽致。

旅游小贴士

地理位置：江苏省苏州市

最佳时节：春季

旅游景点：网师园、留园、环秀山庄、退思园、寒山寺

特色风味：叫花鸡、松鼠鳜鱼、龙井虾仁，大闸蟹

网师园位于苏州市城区东南部，是苏州园林中型古典山水宅园代表作品。

作为园林之乡，苏州的园林大多建于明清时期，最繁盛时多达 200 处，到了今日依旧留有 60 多处，其中最具代表性的有狮子林、拙政园、沧浪亭、网师园、留园、耦园、环秀山庄等。这些园林在苏州园林风格的基础上各具特色，展示着园林主人别样的情怀。比起北方建筑的色彩浓厚、简单质朴、开朗大度的风格，苏州园林建筑色彩淡雅，灵巧秀丽，在细节之处尽显典雅精致。

网师园始建于宋淳熙初年（1174 年），坐落在苏州城东南方带城桥路，是一处宅院合一的私家园林。著名园林与古建筑学家陈从周先生认为网师园是“苏州园林极则”，园虽小却意无穷。全园格局虽小，但比例协调，布局严谨，结构紧凑，园中建筑虽多、山石虽丰却没有丝毫的拥挤之感，而且主次分明，层次明朗，每一处都可见园林主人的精心雕琢，从建筑到山石，甚至就连用卵石铺就的幽径都是精美到极致，是江南古典园林中的佳作。

城中景德路上的环秀山庄，假山林立，溪水潺潺，是我国拥有假山最多的园林。假山是园林景色的一大精华，由清代杰出的叠山大师戈裕良建造，这些假山巧夺天工，精妙绝伦，浑然天成，堪称假山之珍，山庄亦因此而驰名。假山占地不过 300 多平方米，在这咫尺之间，陡壁峭崖、峰峦怪石林立，幽谷、洞壑、蹬道等应有尽有，比之真山亦不为过，颇类中国山水画“尺幅千里”的

苏州的夜晚灯火辉煌，十分美丽。

退思园独具风格，紧贴水面的建筑如浮于水面，是全国唯一的贴水园建筑。

“缩地术”。环山而视，景色富于变化，步移景易。池东主山，池北次山，碧水环绕，绿树掩映。置身其间，如身处万山之中，一石一缝，精细自然，浑然天成，有“独步江南”之誉。与之相似而又有别的退思园也是苏州园林中的典型，园内贴水建筑是一大特色，堪称一绝。

苏州寒山寺，只有你真正的身临其境以后，才能懂得它的幽深和玄妙。那首把名不见经传的张继带上了大唐诗坛的《枫桥夜泊》，写的就是苏州寒山寺的景致。寒山寺坐落在苏州市姑苏区，原名“妙利普明塔院”，建于南朝梁代。唐贞观年间，寒山、希迁两位高僧来此住持，遂改名“寒山寺”。此后 1600 多年里，寒山寺先后多次被毁坏、重建，但是作为我国十大名寺之一的地位却从未动摇过。走进寒山寺，大雄宝殿雄踞正中，两侧错落分布着藏经楼、钟楼、碑廊等建筑。而寺内后来修建的诸多建筑名称大多源于《枫桥夜泊》，如寺庙山门前的江村桥，还有枫江楼、霜钟楼等。这座园林式的千年古刹，清净而洒脱，寺内古钟幽幽响起，让人不禁遥想千年之前，同样的夜晚，同样的钟声，是如何传到于夜半时分仍辗转不寐的失意举子张继耳中，令他吟出一首誉满天下、足以安慰他名落孙山之痛、足以洗雪他名落孙山之耻的《枫桥夜泊》。

寒山寺寺内古迹甚多，有张继诗的石刻碑文，寒山、拾得的石刻像，文徵明、唐寅所书碑文残片等。

枫桥以唐代诗人张继的七绝《枫桥夜泊》而闻名天下。

淮安 运河之都

淮安古称淮阴、清江浦，位于江苏省中北部，江淮平原、古淮河与京杭大运河交汇处，历史上为南北水运交通之枢纽，并与扬州、苏州、杭州并称为运河沿线的“四大都市”，享有“中国运河之都”的美誉。

淮安历史悠久，从秦时置县开始，至今已有 2200 多年的历史，是江淮流域古文化的发源地之一，“青莲岗文化”的发祥地，商周时期徐文化的腹地。这片钟灵毓秀之地孕育出众多杰出的人才，我国历史上杰出的军事家韩信、建安七子之一的陈琳、巾帼英雄梁红玉、《西游记》的作者吴承恩、“扬州八怪”之一的边寿民、民族英雄关天培等，都在这里留下了不可磨灭的痕迹。

《西游记》作者吴承恩的故居。

淮安，不仅有浓郁的文化气息和辉煌的文明史，更遍布着众多文物古迹和风景名胜，令你目不暇接。我国第四大淡水湖——洪泽湖，地处苏北平原的中西部、淮河下游，古名为富陵湖，唐代后才改名为洪泽湖。洪泽湖最初为一群浅水小湖，后因黄河夺淮河道东入大海，失去河道的淮河在盱眙东侧汇集，规模不断扩大终成为今天的洪泽湖。阳光下，波光粼粼的湖水澄澈晶莹，仿若一块通透的碧玉翡翠，那朵朵荷花散发出淡淡的清香，荷叶间依稀可见一条条小鱼跃出水面，灵动活泼，惹人怜爱。湖畔的百里长堤——高家堰，就像一条绵延不绝的水上长城，守护着这片辽阔的水域。

第一山国家森林公园坐落在淮安市盱眙县城的北部，原名南山、都梁山，相传在北宋年间著名的书画家米芾前往涟水赴任时，入淮时忽见一高山，秀美壮丽，兴之所至，提笔便写下了“第一山”3个大字，自此以后此山便改名为第一山。第一山雄伟壮丽、风光秀美，盱眙十景中的六景都诞生于此山，明代吴承恩曾赞它堪比蓬莱仙境。第一山不仅自然风光优美，更是一座悠久璀璨的历史文化名山，备受历代文人墨客推崇的“崇圣书院”便在这里，东坡草厅、大成殿、翠屏堂、玻璃泉亭、摩崖石刻等众多古建筑都汇集在这里，还有苏轼、杨万里、米芾、陆游等历史文化名人，亦在这里留下了无数名篇。

淮安的景迷人，淮安的情动人，淮安的美食则更诱人。淮安是淮扬菜的主要发源地之一，淮扬菜是我国四大菜系之一，历史悠久，自春秋时就已存在，隋唐时名动天下，到明清时期逐渐形成了完整的菜系并达到了顶峰，有“佳味之美”的称号。来到淮安，一定不能错过精致美味的淮扬菜。

旅游小贴士

地理位置： 江苏省淮安市

最佳时节： 春、秋季

旅游景点： 洪泽湖、第一山国家森林公园、崇圣书院等

特色风味： 金湖甲鱼、白马湖青虾、洪泽湖大闸蟹、文楼汤包、淮安茶馓

平桥豆腐是淮安的一道名菜，属于淮扬菜系。

中国第四大淡水湖——洪泽湖。

嘉兴 水乡泽国

嘉兴南湖为江南三大名湖之一，素以“轻烟拂渚，微风欲来”而闻名。

嘉兴，一座拥有2600多年历史的江南名城，地处太湖流域，因春秋时地跨吴越两国，又有“吴头越尾”之称。嘉兴早在秦国时就已建制，历史悠久的它自古便是繁华富庶之地，不仅物富人丰、风光秀丽，而且还是中国共产党的诞生之地，有着深厚的历史文化积淀。

水系发达的江南水乡自古就以秀丽的湖光水色著称，拥有众多大大小小的清幽湖泊，嘉兴地处南国水乡，自然也少不了秀水的点缀，嘉兴南湖便是其中最耀眼的一条玉带。与杭州西湖、南京玄武湖并称为“江南三大名湖”的嘉兴南湖，因位于嘉兴的南边便得名南湖，有着独特的历史地位和优美的湖泊景观。现在的南湖是原东湖和西南湖的合称，湖泊水域广泛，景色秀丽，素以“轻烟拂渚，微风欲来”的旖旎风光吸引万千游客。南湖不仅有着迷人的自然风光，还有烟雨楼、揽秀园、南湖渔村、伍相祠等众多人文景观，让人领略到南湖深厚的文化底蕴。

钱塘江是浙江省最大的河流，因流经古钱塘县而得名，孕育了古老而又多姿多彩的吴越文化。江水滔滔，两岸景色秀丽，诞生了诸多的名胜景观，留下许多的传说故事。若说钱塘江的醉人之处，莫过于钱塘江潮了，作为我国最壮观的海潮，也是世界三大海潮之一的钱塘潮，享有“天下第一潮”的美誉，历经2000多年依旧让人惊叹不已。“八月十八潮，壮观天下无，鲲鹏水击三千里，组练长驱十万夫，红旗青盖互明灭，黑沙白浪相吞屠。”千年前大诗人苏东坡如此赞誉钱塘潮的雄浑与壮美。每逢中秋时节，钱塘江的潮水好似听到某种呼唤，开始沸腾起来，掀起巨大的海浪，那奔腾的潮水好似肆意的万匹野马，汹涌向前，势不可挡的气势带给人无比的震撼。

钱塘江以被誉为“天下第一潮”的大潮而闻名。

欣赏完景色秀丽的南湖和雄浑壮观的钱塘江大潮，再来到西塘，这座拥有千年历史的江南古镇，领略她那婀娜多姿的风采。西塘位于嘉兴市嘉善县，古称胥塘、斜塘，始建于初唐开元年间，

西塘的夜色温柔妩媚，令人心醉。

旅游小贴士

地理位置：浙江省嘉兴市

最佳时节：春、秋季

旅游景点：南湖、钱塘江大潮、西塘、乌镇等

特色风味：五芳斋粽子、南湖菱、文虎酱鸭、三珍斋八宝饭、西塘八珍糕、汾湖蟹

初步形成约在元代，明清时已成为江南地区的商业重镇，有着丰富的文化积淀。镇内地势平坦，河流纵横交错，9 条蜿蜒的小河将古镇分割成 8 个部分，27 座形式各异的小桥将他们一一相连，“桥多、廊多、弄多”成为西塘重要的特色，还有那青砖白瓦的建筑，形成一幅小桥流水人家的如画景致。在夕阳的斜照下，烟波桨声里交相辉映，整座古镇如诗如画。

如果说西塘是一幅画，那么乌镇就是一首精巧的诗，这座最后的枕水人家，是江南水乡古镇的典型代表。乌镇历史悠久，春秋时期为吴越疆界，吴国曾驻兵于此，故得名乌戍。唐朝末年开始建镇，南宋时依照车溪把古镇一分为二，西侧为乌镇，东侧为青镇。1950 年，两镇合二为一，称为乌镇。乌镇的建筑、街道都保存地相当完整，青石板、乌篷船、石桥、戏台、书院、老房子，无不在向人诉说着她悠久的历史。夕阳斜垂，河水映红，大红的灯笼点缀着弥漫的水雾，退去了喧闹的小镇展现出她的静谧之美，让人回味。

景色如画、古韵绵绵的嘉兴不仅是名人雅士诗歌咏诵的地方，也是人才辈出之地。国学大师王国维、漫画家丰子恺、文坛巨匠茅盾、武侠小说大师金庸等皆来自于此。

乌篷船是江南水乡重要的交通工具，在乌镇是极常见的。

镇江 天下第一江山

镇江古称“润州”，位于江苏省的西南方，自西周为宜侯封地开始，至今已有3000年的历史，拥有辉煌灿烂的文化、旖旎多姿的风光、锦绣似画的山川，有着“天下第一江山”的美誉。又由于镇江三面环山一面临水，地势险要，易守难攻，自古以来便是兵家必争之要地，东吴孙权曾迁都于此，铸造铁瓮城，是吴文化的摇篮，南朝宋、齐、梁3位帝王的故乡。

焦山林木蓊郁，满山苍翠，山寺高塔点缀其间，清幽静美。

镇江的山当属“京口三山”最为有名——金山、焦山和北固山。其中金山之名最为响亮，家喻户晓的白蛇传中“水漫金山”

旅游小贴士

地理位置： 江苏省镇江市

最佳时节： 春、秋季

旅游景点： 金山寺、西津渡、茅山、焦山等

特色风味： 蟹黄汤包、肴肉、锅盖面、河豚、刀鱼、鲥鱼

的故事便发生在这里。金山寺位于镇江市西北方，初名泽心寺或龙游寺，始建于东晋，距今已有 1600 年，规模宏大，香火旺盛。金山寺为我国汉传佛教禅宗四大名寺之首，屹立在长江中游的一个岛屿上，“万川东注，一岛中立”，有“江心一朵美芙蓉”之美称。亭台楼阁皆依山而建，加之慈寿塔挺拔于金山之巅，从江中远望，寺庙隐匿在山里，故又有“金山寺裹山，见寺、见塔、不见山”的说法。后来由于长江流向变动及泥沙淤积，清同治年间开始与南岸陆地相接，由水中小岛变为陆上胜境。

在镇江要想了解这座城的历史文化历程，那么位于镇江城西云台山麓的西津渡古街是必须要去的，它是整个城市的“文脉”所在，这里保存着镇江最集中、最完好的历史文物古迹。西津渡古街主要依靠破山而建，因有天然屏障象山抵挡海潮，所以岸线稳定，是天然的良港。这处临江的渡口自六朝起就成为南北交通的咽喉所在，极具战略地位，是兵家必争之地。“永嘉南渡”的流民多于此处登岸，东晋孙恩率领农民起义首控西津渡以切断南北联系，宋代韩世忠也驻扎于此要塞抵御金兵，千百年来这里发

金山寺为我国汉传佛教禅宗四大名寺之首，规模宏大。

⬆ 西津渡是整个城市的"文脉"所在，这里保存着镇江最集中、最完好的历史文物古迹。

生的战争次数数不胜数。作为第二次鸦片战争后长江沿线被迫对外开放的通商口岸之一，这里还遗留下众多英国建筑风格的建筑群，建筑风格和中国传统建筑完全不同。在这条长有 1000 米的古街道上，处处都是从六朝之后历代遗留下的古迹。李白、孟浩然、王安石、苏轼、陆游等文人名士都曾在这处风景俊秀的渡口登岸，或乘船离开，留下了无数流传千古的诗篇。

茅山位于江苏省句容市与金坛的交界处，是一座道教名山，茅山一直被誉为"上清宗坛""第一福地，第八洞天"。茅山上山峦溢翠，青竹遍野，洞幽谷深，溪水潺潺，泉池密集，风光秀丽无比；还有那一座座凌飞如翼的楼阁，在苍莽绿荫间影影绰绰、若隐若现，与那碧水苍山仿若一体，犹如仙境，令人心驰神往。

漫步于镇江的悠悠古街，那一段段动人的故事与神奇的传说在这里流传，甘露寺刘备招亲、白娘子水漫金山寺、巾帼女英雄梁红玉击鼓抗金兵以及杜十娘怒沉百宝箱；还有那一部部文学巨著也在这里诞生，《昭明文选》《文心雕龙》《梦溪笔谈》，成为我国文学史上不可或缺的巨作。

⬆ 茅山景区内巨大的老子坐像。

宁波 海滨明珠

宁波位于宁绍平原的东端，我国海岸线的中段，因东部沿海有天然的屏障舟山群岛，南北又与杭州湾、三门湾相临，地理位置十分优越，是古时大运河南端的出海口和“海上丝绸之路”的始发港，今日的它依然是世界第四大港口城市，更是浙江省的经济中心之一。

宁波是一座历史悠久的古城，1000 多年的建城史使它有着深厚的文化积淀。7000 多年前的原始先民就在这里繁衍生活，并创造了古老的河姆渡文化，春秋战国时代分别为越、楚两国的辖地，秦时在此地设置鄞、鄮、句章三县，唐开元年间时设明州，直至唐长庆元年（821 年）州治迁入此地，子城也随之而建，成为这座城市的发展的起源。

河姆渡遗址是是中国已发现的最早的新石器时期文化遗址之一。

旧石器时代的原始先民在这片土地上生活，并创造了灿烂的河姆渡文化，其河姆渡遗址今日依旧留存在这片土地上。分布在宁波市区的余姚市河姆渡镇的河姆渡遗址，发掘于 1973 年，是新石器时代遗址的重要发现之一。其中发掘出的文物遗存数量十分庞大，仅陶片的发现量就已达 40 多万片，而且文物的种类十分丰富，生活用品、纺织工具、生产工具应有尽有，纺织所用的绕纱棒、分径木、梭形器、骨针、几刀等多达数十种。除此之外，其中发现的稻米和生产工具骨耜，说明我国早在河姆渡时期就已进入了农业上的“耜耕阶段”，更加证实了我国栽培的水稻并非从外国传入，而是本土起源的。

天一阁，这座现今亚洲最古老的图书馆坐落在宁波市的市区内，始建于明嘉靖四十年（1561 年）。相传当时的兵部右侍郎范钦十分喜爱读书，更爱收藏各类书籍，就修建了这座藏书楼。他所收藏的书籍包含政书、科举录、诗文、方志等各种类型，且数量多达 7 万册，为世界最早的三大家族图书馆之一。天一阁内以假山为屏障，引溪水入楼前“天一池”，并且遍布绿树花草，使园内一派盎然生机，颇有江南园林的秀美清雅的风姿。天一阁内的假山十分突出，参天的古树与嶙峋的怪石及花草相映成趣，与园中的亭、台、楼、阁一起组成了清幽的环境，再加上古朴精致的建筑和丰富的藏书，不仅有园林之美，而且洋溢着浓郁的文化气息。

在历史的发展与演变中，宁波形成了自己独特的文化、风尚习俗，特色显著。宁波的吴方语言保留了众多中古音，且精彩生动、韵味悠长；四名学派、姚江学派、浙东学派在这片土地上产生并发扬；还有舞狮、赛龙舟等是这里最流行的民俗活动；宁波的传统美食，更是令你唇齿留香，回味无穷。

旅游小贴士

地理位置：浙江省宁波市

最佳时节：春、秋季

旅游景点：河姆渡文化遗址、天一阁等

特色风味：冰糖甲鱼、剔骨锅烧河鳗、苔菜小方烤、雪菜大黄鱼、腐皮包黄鱼、荷叶粉蒸肉

云在楼是天一阁内 6 栋书画馆之一，在秦祠西侧，粉墙黛瓦、黑柱褐梁。

杭州 人间天堂

杭州曾名钱塘、临安、武林等，位于京杭大运河的南端、钱塘江北岸，是浙江省的省会城市，也是我国七大古都之一，有着 2300 多年的建城史，是吴越文化的发源地之一。这座山水文化名城，自古便享有“人间天堂”的美誉，那烟雨朦胧的西湖、晨钟暮鼓的古刹、茶香四溢的龙井，如画般美的景、如诗般浪漫的情，令多少文人墨客魂牵梦绕、念念不忘。

西湖白堤断桥。

西湖是杭州的第一张名片，凄美的爱情传说以及千百年来无数文人墨客笔下诗词歌赋的吟诵让西湖名扬四海。“未能抛得杭州去，一半勾留是此湖”，杭州最美的是西湖，苏堤春晓、平湖秋月、南屏晚钟、雷峰夕照、断桥残雪、三潭印月……这些都是杭州西湖的景色。每处都是一幅天然的画卷，每处都是一首优美的诗，每处都隐藏着动人心扉的故事。

苏堤和白堤两条长堤横跨于西湖之上。苏堤始于北宋元祐五年（1090 年），为大诗人苏轼任杭州知府时，用疏通西湖而挖出的淤泥所筑，自南屏山麓起北到栖霞岭，将孤山和北山连成了一体。春日的苏公堤上摇曳着青翠的树枝，淡淡的花香在空气中弥漫，时而有鸟儿在丛林中欢歌，如此的美妙佳景，让人心情愉悦。站在苏堤上遥望南屏山，高耸挺拔的山峰满目的苍翠，苍郁之中透着秀美之意，好像一扇精心绘就的屏风。若是在蒙蒙细雨之中，山峰缥缈，若隐若现，好似人间仙境。如果在清爽的秋夜踱步在白堤上，皎洁的明月高悬，挥洒一片莹莹光辉，倒映在微澜的湖水中，天明水秀，水月交融。这样秀美的景致就是杭州西湖著名的“十景”之一“平湖秋月”。

杭州西湖的美，美在灵动，妙在柔婉，有一种清纯、娴静的小家碧玉的风范。走进杭州西湖，那散发的温润气息让人仿佛回到身心最放松的地方，亲切、贴心，没有一丝的局促和陌生。面对杭州西湖的美，千百年来无数文人骚客俊雅奇士渴望挥笔弄墨，抒发心中豪情，最终无奈感叹杭州西湖：“古今难画亦难诗”。

杭州“三西”——西湖、西溪、西泠，迥异的风格使每个地方都具有独特的景观，西溪湿地虽不像杭州西湖那样颇具盛名，却也有“虽无弱水三千里，不是仙人不到来”之说。这里的湿地景观不仅融合了城市和生态的特征，还加入了文化的气息，二者结合使这里更具有魅力，构建出一片自然与人文交织的诗画田园风光。杭州西溪湿地以优美的风景成为杭州最具有标志性的景点

朗月高悬，水月交融，西湖十景之“平湖秋月”。

风景优美的“西溪湿地”。

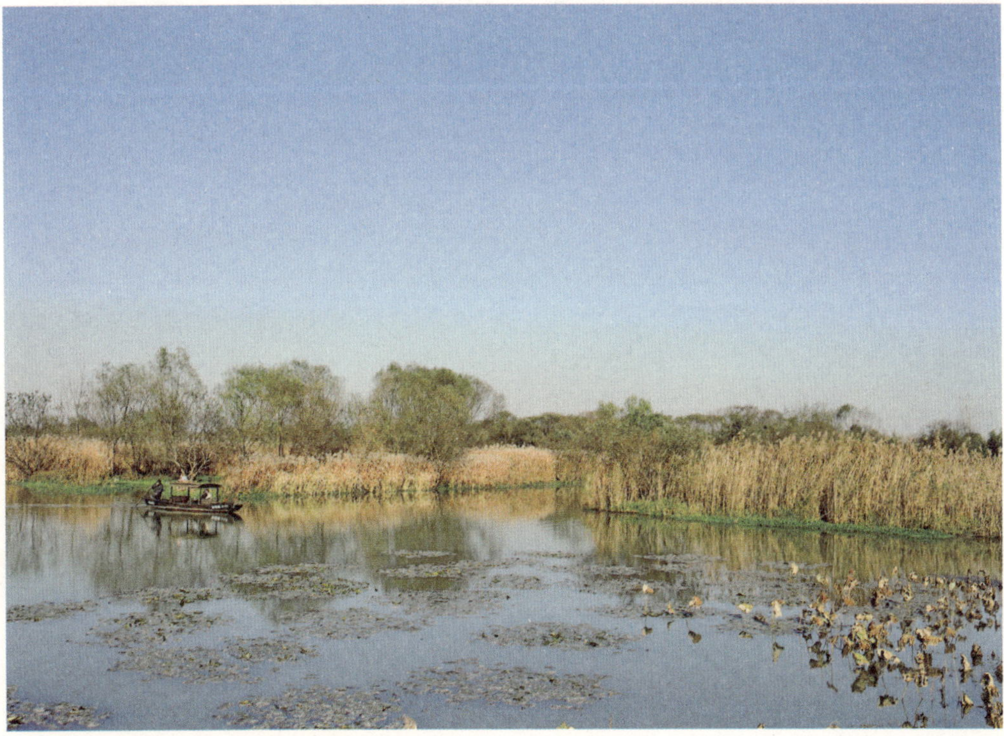

旅游小贴士

地理位置：浙江省杭州市

最佳时节：春季

旅游景点：西湖、苏堤、西溪湿地、灵隐寺等

特色风味：西湖醋鱼、东坡肉、龙井虾仁、蜜汁火方、叫花鸡

之一，它不仅向世人呈现着江南的传统诗韵，而且随着时代的变迁也重新融入了新的活力。三堤十景是西溪湿地的主要景观，三堤分别是福堤、绿堤和寿堤，而十景则有秋芦飞雪、莲滩鹭影、火柿映波和洪园余韵等景观，仅从名字就可以看出这里的景观充满了诗情画意的美和婉转悠扬的韵味。

江南多名刹，杭州灵隐寺无疑是其中之冠。灵隐寺始建于东晋咸和元年（326 年），坐落在著名的西湖水畔，后有北高峰，前临飞来峰。在灵隐寺近 1700 年的历史上经过多次的修缮扩建，规模宏大，雄踞东南诸寺之首。踏上灵隐寺大雄宝殿的石阶上，环望寺庙中来自四面八方的香客，虽有一丝喧闹却依然能感觉到一种肃穆，一种无与伦比的庄严。大雄宝殿为灵隐寺的主殿，是一座高达 33.6 米的单层三叠建筑，殿内中央有一座金光闪烁、“妙相庄严”的释迦牟尼佛，它是我国最高大的香樟木坐式佛像之一，是一件宗教艺术珍品。此外，五百罗汉堂内新建了一座高 12.62 米的灵隐铜殿，是中华第一高铜殿。

杭州犹如一篇精致的散文、一幅浓墨重彩的画，只有静静欣赏、慢慢品味，才能体会那字里行间或浓淡深浅中蕴藏的深厚内涵。

名扬天下的灵隐寺。

临海 文化之邦

临海，一座位于浙江东南沿海的海滨城市，山川毓秀、人文荟萃、古韵深厚，是一处匆匆一瞥，就让人难以忘怀的地方，宋代时的文天祥就曾赞叹道“海山仙子国，邂逅寄孤蓬，万象图画里，千岩玉界中”。

临海这座千年古城，历史悠久、底蕴深厚。7000 多年前的原始社会时期就有人类在这片土地上活动，夏商周时期属于瓯地，秦始皇时设回浦乡，西汉和东汉时期分别为回浦县、章安县，到了三国吴帝时改为了临海县。此后，唐为台州治，宋至明清时期均为台州路、台州府治所。在这两千多年的岁月中，临海县内留下了众多古遗迹和珍贵文物，被誉为“文化之邦”“小邹鲁”。

旅游小贴士

地理位置：浙江省临海市

最佳时节：四季皆宜

旅游景点：江南长城、东湖、紫阳古街等

特色风味：豆面碎、麦虾、羊脚蹄、麦油脂、临海馄饨、重阳糕、白水洋狗肉

风景秀丽如画、建筑古典雅致的东湖公园。

北京有雄伟险峻的八达岭长城，来到临海有壮丽非凡的江南长城。这段始建于东晋时期的古长城位于临海市的老城区，历经宋、元、明、清诸朝1600多年来的修缮与扩建，长6000多米，其主体时至今日依旧保存完好。江南长城又称台州府城墙，古城墙沿江而走，依山而建，蜿蜒于崇山峻岭之中，仿若盘旋于天地之间的巨龙，令人心生敬畏。其中，最为险峻的当属北固山一段，这段城墙修筑于陡峭的山崖之巅，逶迤起伏，绵延不绝。城墙上城楼高耸、哨台林立，堪比北京的八达岭，怪不得被人称为“江南八达岭”。除此之外，临海的古城墙还有防洪与御敌的双重功用，在明代的抗倭斗争中与沿海的防洪过程中起到无可替代的重要作用。

东湖位于临海市区的东面，因其与台州古城墙东侧相临而得名，为北宋时期台州郡守钱暄开凿而成，原为水军泊船屯兵之所，南北长500米，东西宽约150米，后开辟为园林。清人俞樾曾说“杭州有西湖，台州有东湖。东湖之胜，小西湖也”，可见其名之盛，其景之秀。东湖共分为前湖和后湖两部分，微风拂过，湖畔杨柳依依，湖中碧水涟涟，水天一色，旖旎多姿的风情，美丽如画的风景，令人心神荡漾。来到湖中的三洲，仿若置身于西湖中的三岛，洲中亭台林立、楼阁高耸，精巧的造型、华美的装饰、精致的雕刻，既古典优美，又大气磅礴，为全湖之盛景。还有众多古人留下的诗词、楹联，更为其增添了悠悠古韵，风情无限。

迈着轻松的脚步穿行在紫阳古街的悠悠古巷，徘徊于桃渚古城的军事城堡，或攀登于括苍山的漫漫巅峰……处处都是动人的情和迷人的景，在不经意间刻进你的心里。

雄伟壮丽的江南长城。

寿县 楚文化故乡

寿县古称寿春、寿阳，位于安徽省中部地区、淮河中游的南岸，依山傍水的寿县是楚文化的故乡，我国豆腐的发祥地。这座历史悠久的古城，自春秋战国始它就是淮南市的政治、经济和文化中心，到了三国时期人口更是达到了数十万之多，自晋以后历代皆是繁华重镇，被世人评价为“扬（州）寿（州）皆为重镇”。

寿县在历史上曾四次为都：楚考烈王二十二年（公元前241年）迁都于此，汉太祖时先后为淮南王和外姓王英布的王都，东汉献帝时袁术在此称帝。又因寿县地处襟江扼淮的重要地理位置，它自古还是兵家必夺的重镇，秦王嬴政破楚国都城寿县后终完成一统天下之霸业；历史上著名的以少胜多的淝水之战便在这里发生。这座古城内遍地的文物古迹，数不尽的千古传奇，等待着我们去发现。

旅游小贴士

地理位置：安徽省六安市寿县

最佳时节：春、夏、秋季

旅游景点：寿州古城墙、安丰塘、孙叔敖纪念馆等

特色风味：寿县大救驾、八公山豆腐、牛肉汤、丁家馄饨

来到寿县这座古城，首先见识到的便是那依然保存完好的古城墙，斑驳的痕迹、丛生的杂草、浓绿的青苔处处彰显着它的古老沧桑和厚重雄壮。这座古城墙始建于宋代，因其地理位置特殊，所以最初是按照棋盘式的格局来设置的，明清以来为了应对战争与防洪的需要，又不断地进行改缮与休整，有着完整的防御体系和坚固的厚度。城墙有宾阳、通淝、定湖、靖淮 4 座大门，保护城门的翁城也保存得十分完好。历经 900 多年的风雨沧桑后，这座古城墙依旧气势磅礴、厚重威武，如盘旋的巨龙，守护着这座城市。

安丰塘古称芍陂，是坐落在寿县城南的一座大型平原水库，曾被誉为“世界塘中之冠”。安丰塘始建于春秋楚庄王（公元前 613 年）时期，为楚国相国孙叔敖主持修建的，至今已有 2500 多年的历史，与都江堰、郑国渠、漳河渠并称为我国古代四大水利工程。古代关于安丰塘灌溉面积的记载虽各有不同，但每种记载都表明其面积非常庞大。如今的安丰塘北岸依旧屹立着孙叔敖纪念馆，是为纪念孙叔敖为当地人民所作出的伟大贡献而建，建筑古朴典雅，众多碑石林立，庄严肃穆、宁静祥和。

楚国水利专家孙叔敖所设计建造的“芍陂”千年之后仍发挥作用泽被一方，当地人设“孙叔敖纪念馆”以示纪念。

文化底蕴深厚的寿县还拥有众多具有浓厚地域文化特色的民俗活动，最具有代表性的便是花鼓灯和寿州锣鼓。花鼓灯其实是一种以花鼓为伴奏乐器的民间歌舞，起源于清光绪年间，后历经发展逐渐走上舞台，成为当地独具特色的一种民俗文化。寿州锣鼓颇有名气，吸收江淮地区多种锣鼓谱的精华，并加以改进，自成一种风格，既有南方“十翻锣鼓”的轻柔、舒缓，又有北方“威风锣鼓”的雄壮、激越，受到大家的认可与喜爱。

被誉为“世界塘中之冠”的安丰塘。

歙县 徽商故里

歙县地处安徽省的最南端，四周有杭州、黄山市、景德镇和千岛湖相环绕，还有碧波荡漾的新安江流淌而过，临水而建的古城在新安江的怀抱中静卧，山清水秀，如同一幅清新自然的水墨画卷。

歙县历史悠久，自北宋时期改称徽州以来，这里就一直作为古徽州的政治、经济、文化中心而存在。徽州文化、国粹京剧和徽商均发源于此，文房四宝中的徽墨和歙砚也出产于此，素有“徽商故里”“文物之海”“礼仪之邦”等美誉，并与云南丽江、山西平遥、四川阆中并称为“保存最为完好的四大古城”。

春到歙县美如画。

棠樾有着“牌坊之乡”的称号，拥有全国目前仅存的最大的牌坊群。

棠樾村口的牌坊群。

太白楼坐落在太平古桥的西侧，两层高的建筑十分有特色，飞檐翘角、装饰精美，为典型的徽派建筑。相传，这座楼阁的建造与唐代诗人李白有着紧密联系，李白曾来到歙县寻访隐居在此处的名士许宣平，结果在练江之畔与之错过，令人倍感惋惜，后人为纪念此事，便在此处修建了这座太白楼。来到楼内，历代文人名士在此处留下的楹联碑刻保存完好，依稀可见昔日名人之风采。登上太白楼，凭栏远眺，可览城西之秀丽风光，可观古桥俊塔之倩影。

棠樾，一个意为棠树荫的地方，一个没有响亮名字的古村，它始建于南宋时期，距今已有 800 多年的历史，历史悠久的它是血缘宗族鲍氏的居住地，因牌坊群聚而闻名。走进棠樾的村头，首先映入眼帘的就是象征“忠、孝、节、义”的 7 座牌坊，分别为鲍灿孝行坊、鲍文渊继吴氏节孝坊、乐善好施坊、慈孝里坊、鲍文龄妻汪氏节孝坊、鲍逢昌孝子坊、鲍象贤尚书坊，是全国目前仅存的最大的牌坊群，有“牌坊之乡”之称。牌坊在我国古代是朝廷为了表彰和纪念科举、德政和忠孝节义的纪念性建筑，而小小的棠樾村竟然拥有这么多的牌坊，可谓罕见。在宣扬封建礼教、儒家伦理和忠孝节义的古代，鲍氏可谓是践行这种思想的典范，为了表彰鲍氏家族，朝廷特许修建各种牌坊，棠樾牌坊群就在这样的背景下应运而生。屹立在村口的这 7 座高大精美的牌坊可以说是明清牌坊建筑的代表之作，具有极高的艺术价值和文物价值。虽然 7 座牌坊的建造跨越了两个朝代，历经百年的间隔，但是在建筑风格上一脉相承，在独具特色的基础上相互协调，浑然天成。

歙县不仅有灿烂悠久的徽文化，徽商更是在明清时期就已称雄中国商界，并遍布全国各地甚至海外，有“无徽不成镇”之说，可见其在全国范围内的影响之大。其中，两淮地区的徽商大多都是从这里走出去的，获得巨大财富的他们在这风景如画的青山绿水间留下了一处处庞大的村落，一座座古老的徽派建筑，就像一本本立体的史书，诉说着徽商辉煌的历史。

旅游小贴士

地理位置：安徽省黄山市歙县

最佳时节：春、夏、秋季

旅游景点：太白楼、棠樾牌坊群、新安江山水画廊

特色风味：徽州臭鳜鱼、徽州毛豆腐、徽州圆子、石头馃、花菇石鸡

泰安 五岳独尊之都

“泰山安则四海皆安，泰山稳则四海稳。”泰安，这座静静躺在泰山脚下的古城因泰山而得名，寓意国泰民安，并依泰山而建，山城相结合融为一体，自然风光雄浑秀丽，人文景观丰富多彩，历史文化辉煌灿烂。

泰安，坐落在山东省中部的齐鲁平原上，向东可观浩瀚的大海，向西可看奔腾的黄河，前望曲阜，背靠济南，在历史的烟云中，千年的岁月与泰山一起组成一首婉转动人的古诗，为四方来客诉说千年的故事。

传说，昔日盘古开天辟地之后，其身体各部化为中华大地之秀美山川，其中头部就变成了泰山，故而泰山被称为“天下第一

泰山有昂头天外的巍峨气势，被奉为五岳之尊。

壮阔如海、奔涌翻腾的云海。

碧霞祠位于泰山极顶南侧，始建于宋真宗大中祥符二年（1009 年），层层叠叠的古建筑宏伟壮丽。

碧波荡漾、秀美如画的东平湖。

山”，为五岳之首。“会当凌绝顶，一览众山小”的巍巍泰山，一直以来都令人们充满敬畏和向往，古往今来无数文人墨客纷至沓来，历代天之骄子封禅泰山将其作为对自身成就的认可。文人墨客的驻足吟诵、帝王将相的祭祀诉功赋予了泰山深厚的文化底蕴。泰山还是我国山水名胜的集大成者。泰山风景雄奇壮丽，层峦叠翠、凌空高耸的山势，庞大雄壮的形体，巍峨凸起的苍松巨石更增添山体的厚重，云雾在山峰间如清泉流淌，使泰山在现实与虚幻、雄伟与清雅间转换。在这里，大自然的鬼斧神工与数千年精神文化相互映衬，相得益彰，形成了完美的结合，几乎成为中华民族精神中最庄重的象征。那清澈冷冽的五盘池、苍劲葱茏的古树、犹如登云梯的十八盘、宏伟壮观的泰山日出，还有众多的文物古迹，如红门宫、南天门、岱庙等，都令人充满向往。

“岱宗夫如何，齐鲁青未了”，泰山又名岱宗，山中建有岱庙。岱庙始建于汉代，是祭祀日月山川和祖先的重要场所，也是泰山信仰的祖庭。岱庙修建历史悠久，历代帝王多次扩建，至唐朝时已形成规模宏大的建筑群，高耸的殿阁庙宇显示出万千气象，与北京故宫、曲阜三孔和承德避暑山庄并称为我国四大古建筑群。此外，泰山还有玉皇寺、神宝寺、斗母宫、碧霞祠等诸多建筑，历来是文人墨客歌颂的对象。

泰安不仅有雄奇壮丽的高山，也有婉转灵动的水，那就是《水浒传》中 800 里水泊中唯一遗存下来的一处水域——东平湖。东平湖古称梁山泊、大野泽，直到清咸丰年间，东平湖之名才定下来，湖面辽阔、风景秀丽、如诗如画。昔日，梁山 108 位好汉齐聚梁山、杀富济贫的壮景我们已看不见，但水浒影视城、聚义岛、千年宋城、六工山水浒大寨等众多人文景观星罗棋布，吸引着无数游客前来一饱眼福。

泰安，没有西安的古老厚重，没有北京的磅礴大气，也没有杭州绵绵的水乡景致，却有着属于自己的古城风韵，成为著名的历史文化名城。

旅游小贴士

地理位置： 山东省泰安市

最佳时节： 春、秋季

旅游景点： 泰山、东平湖、岱庙、碧霞祠、玉皇寺等

特色风味： 泰安三美、泰安煎饼、泰山赤鳞鱼、驴肉火烧

崇武 海疆重镇

崇武古城，听其名字就知道这一定是一个军事重镇，不过相比起我国北方的军事重镇，崇武古城是一座海疆要塞，是我国万里海疆中现存最为完整的巨大古城。崇武古城位于福建省泉州市凸入海边的部分，是明朝初年为了抵御倭寇而建的石砌之城。此外，崇武古城不仅有着高大的古城墙，还有着风景优美的海滩风光，有“天然影棚”“南方北戴河”之称。

在崇武古城，有三种景色是一定要看的，那就是石雕、惠安女子和优美海岸。漫步古城，可以看到巍峨雄浑的古城建筑，技艺精湛的石雕，还有那风情万种的惠安女子。此外还有奇幻迷人的壮观海景和独特的民间习俗，这些数不尽的景观景致充分展示了崇武古城深厚的历史文化积淀。

“崇武”就是“崇尚武备”的意思，军事作用是古城建造的目的与标准。对于崇武古城来说，石头是古城的灵魂，整个古城雄伟的城墙全部由白色坚硬的岩石精心垒砌而成。走进古城，斑驳的石砌台阶一级一级缓缓向上，花岗岩构筑的古城墙巍峨雄壮，

在崇武古城，石雕随处可见。

旅游小贴士

地理位置：福建省泉州市惠安县崇武镇

最佳时节：秋季

旅游景点：古城墙、中华石雕工艺博览园、海岸景区等

特色风味：崇武鱼卷、泉州卤面、活梭子蟹

不愧为军事古城。站在城墙边上，俯瞰这个因建筑工艺而被称为“古代系统工程的案例”的海岸古城，在几百年的沧桑历史中，这里多次发生战火，是高大坚固的石城维护了古城的安定和后方的安稳。

登上斑驳的古城墙，有些脱落的古墙散发着沧桑久远的气息，让人感受到昔日这里的金戈铁马。古城中城墙加上地基高 12 米，宽 4 米，全长 2500 多米，宽阔的城墙上面能够跑马，每一个拐角处都设有观敌台，加上四方各有一处厚厚的城门，构成了一套非常完备的防御体系。如今，斑驳城墙虽然已经丧失了昔日的功能，但是却成为崇武的标志。

在崇武古城，石雕是一定要看的，古城墙南侧的“中华石雕工艺博览园”，是一处荟萃石雕精品的主题公园。园内收藏的石雕风格多样，类型丰富，其中以惠安当地风格的雕塑最多，有着“中华一绝”的美称。这些雕塑是不同艺术家单独或合作完成，石雕造型各异，有的巨大无比，有的小巧精致，造型生动，活灵活现，让人目不暇接，不愧为“中国石雕之乡”。

走街串巷，虽没有遇见一位犹如丁香一般的姑娘，但是也可以见识惠安女子的美貌，风格独特的服饰造型让其曼妙的身姿更显优美。惠安女子的服饰非常独特，碎花头巾、蓝色斜襟衫、宽大的低腰黑裤，俗称“封建头、民主肚、节约衣、浪费裤”。如今在古城中已经很少有人穿着这样风格奇异的服饰，但是那种流传下来的风姿却给崇武这座悠久的古城增添不少的魅力。

崇武古城是万里海疆中现存最完整的丁字形石砌古城。

游览完古城，还要到被誉为“中国八大最美海岸线之一”的崇武海岸去看看，那里有“南方北戴河”“西沙银蛇”和“八闽第一金滩”等诸多景色风光优美的胜地。要是登上城楼，举目远眺，远处海面水波漾漾，渔船点点，正是“沧溟万里平如掌，蓬岛相携驾鹤游”。

位于海滨的崇武古城有着优美的海岸风景，吸引着游人在此嬉戏。

漳州 土楼之乡

漳州，东南沿海城市，地处“闽南金三角”，是有名的“鱼米花果之乡”。这座古老悠久又典雅脱俗的城市，孕育了璀璨的闽南文化，诞生了建筑上的奇迹——南靖土楼，走出了吴本、黄道周、林语堂等众多的俊杰，有着“海滨邹鲁”之美誉。

来到漳州，土楼是必赏景致。南靖土楼是遍布在山坳里、坡地上的一种独特的建筑奇观，它是客家先民智慧的结晶，规模庞大、数量众多、造型奇特，被誉为“神话般的山区建筑”。南靖土楼历史悠久，源远流长，产生于宋元，逐渐成熟于明末清初，主要起源于历史上中原的几次大迁移。公元 4 世纪，由于北方战祸频发，为躲避战乱，民众开始南迁，在此后的几百年中大量

圆中圆、圈套圈的土楼是客家先民的伟大创造。

旅游小贴士

地理位置：福建省漳州市

最佳时节：春、秋季

旅游景点：南靖土楼、东山岛、东风山动石、云水谣古镇、灵通岩等

特色风味：手抓面、粉粿、牛肉火锅、当归鸭面线、咸肉粽、四果汤

的中原人举家搬迁至闽粤一带，这些搬迁而来的中原人被称之为“客家人”，为保护家族安全、聚集家族力量，建造了独具特色的土楼，成为客家文化的象征，也成为我国传统民居的瑰宝。土楼的主要建筑材料虽然是泥土、石头和木质材料，但其坚固程度比之用水泥钢筋建筑的房屋也不遑多让。

若是从高处俯瞰，高两层以上的土楼犹如一个个面包圈撒落在这片青山绿水中，或聚集成片，蔚为壮观；或临山傍水，错落有致。走进土楼，圆形的楼墙，圆形的屋顶，圆形的天窗，圆形的天空，圆中圆，圈套圈，成千上万的土楼群蔚为壮观，美不胜收。

东山岛是福建省的第二大岛，东与台湾海峡相临，西与诏安湾相连，因其形与蝴蝶相似，所以又被称为蝶岛，享有“东方夏威夷”的美誉。这处美丽多情、风光秀丽的小岛，碧水环绕、浓荫覆盖、海湾辽阔，无限绵延的金色沙滩细腻光滑，在蓝天的照耀下如同一幅静美飘逸的画，写意而不张扬。岛上还存有一座为防御倭寇而建的古城，那便是建于明代的铜山古城，坐落在铜陵镇的沿海处，几百年来始终如一地坚守着自己的岗位，威风凛凛地屹立于海滨。古城内的关帝庙古朴典雅、精巧玲珑，至今仍香火缭绕，繁盛如昔。

除此之外，被誉为“天下第一奇石”的东风山动石、电影《云水谣》的拍摄基地云水谣古镇、黄道周赞其“与黄山相似，当无不及或有过之”的灵通岩、有“闽南碑林”之称的云洞岩等，皆是这片山清水秀、古老神奇的土地上所诞生的盛景，它们静静地等待着我们去探寻、去欣赏。

山清水秀、美丽如画的云水谣古镇。

被黄道周誉为“与黄山相似，当无不及或有过之”的灵通岩。

长汀 最美的客家山城

长汀古称汀州，位于福建省西部的山区，依山傍水，环境优美，新西兰作家路易·艾黎曾经说过“中国最美丽的山城一个是湖南的凤凰，另一个就是福建的长汀”。坐落在卧龙山脚下、建造布局特殊的汀州古城与卧龙山相依相连，形成了“城中有山，山中有城”的格局。古城景色优美，苍翠的卧龙山映照着古朴的古城，有着一种浑凝厚重的历史感。因古城形似挂在观音菩萨脖子上的佛珠，享有“观音挂珠”的美誉。

坐落在武夷山南麓的汀州，西接江西，南邻广东，地理位置优越，是赣、闽的边陲要冲。作为福建新石器的发祥地之一，拥有多处新石器遗址，自汉代设县、唐朝建州后，直至清末，长汀都是作为州、郡、府的治所而存在。长汀悠久的历史积淀下了深厚的文化底蕴，曾荣获“中国十大最具人文底蕴古城古镇”的称号。

旅游小贴士

地理位置：福建省长汀县汀州镇

最佳时节：四季皆宜

旅游景点：唐代古城墙、店头街、客家民居、祠堂、屋桥

特色风味：白斩河田鸡、三角豆腐饺、麒麟脱胎

古城始建于唐朝大历四年（769 年），曾有四大门楼分别位于古城的四周。位于东大街的朝天门原名兴贤门，是一座石砌的明代古城墙，门楼高大巍峨，外观雄伟，是 4 座城墙中最为宏大的一个。城门前有八角亭和云骧阁伫立，三者呈三足鼎立之势，相互守卫。南大街上有宝珠门，是长汀古城中至今保存较为完好的一座古城门，因门上有楼阁，所以经常被称为宝珠楼。挹清门原名为会川门，是古城西边的老城门，后来在战争中被毁。位于北边的三元门是最古老的城门，也是较为壮观的城门。4 座城门历经沧桑风雨，有的被毁，有的得以保存，成为长汀古城悠久历史的明证。

长汀古城的街巷众多，纵横交错，大的叫街，小的叫巷，无论走在哪条街道上都能看到一排排的商铺。宋代形成的店头街在古镇中最有名气，也是最为繁华的商业街，在这条不长的街道上，店铺和作坊鳞次栉比，各色商品应有尽有，游人如织，十分热闹。这些店铺几乎每个门前都挂有灯笼，要是在夜晚，红彤彤的一排很是好看，喜气洋洋的。

长汀是客家人最具代表性的聚集地之一，从东汉末年战乱始，大量中原人为躲避战乱，寻求安居之所跋山涉水来到闽西，并在崇山峻岭中定居，开始繁衍生息，逐渐形成了我国独特的民系——客家。客家人有着家族集聚的传统和习惯，因此每个家族的民居建筑都非常庞大。长汀作为客家人居住集中的地方，保留了数量众多的客家民居建筑，成为当地的重要景观。在建筑构造上，民

宋代形成的店头街是长汀古城中最为繁华的商业街。

造型独特的祠堂。

居以青砖为墙，雕梁画栋，绘就各色图案，栩栩如生，工艺非常精美。

客家人有着敬祖的传统，祠堂遍布古城，且大多建筑巍峨雄伟，雕饰华丽，集建筑、雕刻、绘画、书法于一体，具有深厚的历史积淀和悠久的文化底蕴。祠堂大多是按照进制建造而成，层次分明，构造规范，外形极为典雅肃穆。祭堂是祠堂的正堂，是家族巨星各种祭祀活动的地方，规模建筑较为宽大，一般都是由坚硬的长木构建；祖先的牌位和画像集中在寝堂，建造时风格庄严肃穆。或许正是这种对祖先的敬慕，才能让客家人保持悠久的文化和自身的本色。

由于长汀古城地势崎岖，群山耸峙，峰峦叠嶂，交通非常不便，为了能够为行人提供遮阳避雨或歇脚的地方，人们便在崎岖的沟壑间架起木桥，上面建上屋顶，形成亭台廊屋的构造，这种桥便是屋桥，又叫阴桥。屋桥虽是木质的廊式结构，但桥基却是石砌而成，非常坚固。在屋桥上还建有可供行人休息的长板凳，背后建有弧形的护栏。桥顶上是木雨披可防雨水堆积，梁木上零星雕有吉祥的图案。桥下是潺潺的溪流，远处是巍巍的青山，屋桥静卧，从远处看就是一道彩虹横跨山涧。

长汀有着太多的历史和故事可以述说，仿佛一本千年古书，等待着人们去翻阅，去续写。

长汀围屋和客家土楼一样，是客家人聚族而居的“家族城寨”。

泉州 光明之城

泉州，别名“温陵”“鲤城”，位于福建省东南沿海地区，与台湾隔海相望，是福建省三大中心城市之一。泉州历史悠久，周代已开始发展，自三国时期设置东安县治始，至今已走过 1750 多年的悠悠岁月，孕育了古老悠久的闽南文化。因为优越的地理位置，泉州成为唐朝时“世界四大口岸”之一、宋元时“东方第一大港”，还是海上丝绸之路的起点，被马可波罗称为“光明之城”。

相传，在西晋至安史之乱之间的这 280 年里，因为“五胡乱华”，中原地区沦丧于胡人之手，为躲避胡人的暴政与屠杀，大量中原人士纷纷开始南迁，定居于洛阳江和晋江沿岸，于是泉州也开始兴盛起来。至今，在泉州还有一些家族保留着多个郡望堂号，以证明其来历。

俗话说“地下看西安，地上看泉州”，行走于这座古老的城市中，千年古风浓郁厚重，遍布各处的历史遗迹给你带来一番难忘的体验。涂门街位于泉州市区的中心地区，从温陵路向西一直延伸到中山路，长1005米，是一段古韵浓郁、文化气息深厚的街段，来到这里可以见到孔子文庙、清净寺、世家大厝、棋盘园、东鲁巷、通淮关岳庙等众多宋元文化遗存，令你目不暇接。

洛阳桥又名万安桥，坐落在福建泉州城外的洛阳口，由宋朝著名书法家蔡襄于北宋皇佑五年（1053年）修建，历时6年零8个月才完成。洛阳桥是我国最早的海港大石桥，与北京卢沟桥、河北赵州桥、广东广济桥合称为“我国古代四大名桥”，同时它也是世界上首例采用筏形桥墩的桥梁，闻名遐迩，备受桥梁研究者推崇。站在洛阳桥上，只见桥下水面辽阔、波涛滚滚、气势磅礴，眺望远处，两座古亭临江高耸，5座石塔若隐若现，静观潮涨潮落、云卷云舒。

泉州境内各种宗教的雕像众多，且寺庙林立、教堂遍布，所以泉州又享有“世界宗教博物馆”“泉南佛国”等称号。走进泉州，阿拉伯建筑风貌的清净寺、伊斯兰教遗迹灵山圣墓、佛教的开元寺和承天寺等宗教建筑随处可见，怪不得朱熹游泉州时留下“此地古称佛国、满地皆是圣人”的感叹。

旅游小贴士

地理位置：福建省泉州市

最佳时节：秋季

旅游景点：涂门街、洛阳桥、清净寺、开元寺等

特色风味：泉州炒饭、卤肉饭、洪濑鸡爪、崇武鱼卷、面线糊、鱼仔饭

洛阳桥。

开元寺创建于初唐，规模宏大，现存主要为明清时期的建筑。

南昌 豫章故郡

黄昏入夜时分瑰丽的鄱阳湖，为南昌增添些许妩媚。

南昌，古称豫章，位于江西省中部偏北，长江以南，与我国第一大淡水湖鄱阳湖西南岸相邻，地理位置优越，水利交通十分发达，自古就有“襟三江而带五湖”之称，也是历代兵家必争之地。自汉将灌婴在豫章筑土城始，至今已有 2200 多年的建城史，南昌之名取“昌大南疆”“南方昌盛”之意，之后名字也多有变更，豫章、洪都、隆兴等皆曾为其名。

“江西第一名楼”——滕王阁，坐落在江西省西北部赣江东岸，原是唐高祖李渊之子、唐太宗李世民之弟李元婴被封山东滕州时修建的阁楼，后滕王李元婴调任江西南昌，为解思念故土滕州之情就在临江之处修建了著名的“滕王阁”。初唐大才子王勃的《滕王阁序》，序以阁名，阁以序传，使临江而筑的高大阁楼流传千古，成为“江南三大名楼”之一，一代文豪韩愈曾赞叹“江南多临观之美，而滕王阁独为第一，有瑰丽绝特之称”。

如今的滕王阁是由我国著名建筑专家梁思成先生根据宋代的草图而设计，于 1989 年 10 月 8 日“重九”之日竣工落成的。阁楼整体高达 57.5 米，占地 4.3 公顷，巍然屹立于赣江东岸，雄伟壮观，雕梁画栋的楼阁金碧辉煌。滕王阁主体的建造结构别具风格，主要采用了“明三暗七”的形式，从外部看为 3 层，走进内部其实有 7 层，别具匠心，而且每层楼阁各有不同的主题展示，再现了滕王阁昔日的文星荟萃、高谈阔论、挥毫泼墨、吟诗作画的繁盛景象。

在南昌南郊的梅湖定山桥畔，历史悠久、风景如画的青云谱内坐落着八大山人纪念馆。青云谱是唯一保存完好的江西净明道教发源地，历经 2000 多年的沧桑岁月，道教文化内涵深厚。漫步其中，湖水碧波晶莹，湖畔绿树葱郁，青砖黛瓦的楼阁殿宇古朴典雅，与繁盛的花木交相掩映，形成一幅清幽雅致的江南园林景。八大山人名朱耷，是明末清初的画家、书法家，出生于南昌。明朝灭亡后，作为明朝皇家子孙的他，面对国灭家亡的情景，悲愤欲绝，遂出家为僧，是清初画坛“四僧”之一。他在艺术上颇

旅游小贴士

地理位置： 江西省南昌市

最佳时节： 3 ~ 5月、9 ~ 10月

旅游景点： 滕王阁、八大山人纪念馆、南昌起义纪念馆、青云谱

特色风味： 匡庐石鸡腿、酿冬瓜圈、南昌米粉、赣味地狗肉

清幽雅致、风景如画的青云谱。

恢宏大气、气势非凡、繁复精美的滕王阁。

有建树，其作品也有自己独特的风格，以水墨写意画著称，笔墨酣畅淋漓、放任恣纵，笔简意赅又形神兼备。300 年来他在画坛享誉盛名，并对后世画家有着深远的影响。八大山人纪念馆是国内第一座古代画家纪念馆，馆内藏品丰富多样，系统全面地展示了八大山人的书画作品、生平史料以及相关珍品，修竹绿树掩映下的书画碑廊，散发着悠悠古韵和浓浓的艺术气息。

八一南昌起义纪念馆位于南昌市西湖区中山路段的八一南昌起义总指挥部的旧址内，有着“中国军史第一馆”之称。走进馆内，一座座栩栩如生的雕塑，一篇篇慷慨激昂的题词，一页页真实生动的文献资料，再现了那一幕幕辉煌灿烂的历史篇章。

南昌，这座胸怀宽广、大气磅礴的城市，承载着历史的延续，兼容着外来文化的丰富多样，今日的它以更加多彩的姿态呈现着厚重浓郁的文化气息。不论是具有地域特色的传统习俗，还是纷繁多彩的民间艺术，亦或是回味无穷的当地小吃，相信都会使你对南昌留下最深刻的记忆。

蓝天下的南昌起义纪念碑巍峨雄壮、庄严肃穆。

八一南昌起义纪念馆位于八一南昌起义总指挥的旧址内，有着“中国军史第一馆”之称。

景德镇 千年瓷乡

景德镇又名“瓷都”，位于江西省的东北部，皖、浙、赣三省的交界处，也是三省的重要交通枢纽之一，是享誉全球的陶瓷生产地，与广东佛山、湖北汉口和河南朱仙镇并称全国四大名镇。

景德镇是一座历史悠久的古城，春秋时期为楚境，秦汉时分别属于九江郡和豫章郡下辖县，在唐朝时因位于昌江之南，所以又叫昌南镇，直至宋真宗年间皇帝以其年号为名设置景德镇开始，一直沿用至今。景德镇烧制瓷器的历史可追至东汉时期，至今已有1800多年的历史，自元代始就是官窑所在地，这里的瓷器不

五彩鱼藻纹盖罐上的鱼戏水草图案，色彩明丽、精致细腻、栩栩如生。

瓷器琳琅满目的古窑。

人文景观与自然景观丰富的瑶里。

保存完好的浮梁古县衙。

仅品种多样、造型精致、色彩明丽，而且风格独特，以“白如玉，明如镜，薄如纸，声如磬”享誉全球，并流传海外。景德镇最具代表性的是“青花”“玲珑”“粉彩”“色釉”四大传统名瓷，也是我国传统工艺品中的珍品。

景德镇作为我国首批的历史文化名城，境内风景名胜众多，瑶里便是其中之一。瑶里古称“窑里”，位于景德镇市浮梁县，素有“瓷之源”“茶之乡”“林之海”的美誉。作为景德镇陶瓷的发祥地，唐中叶时期这里就已有专门生产陶瓷的手工作坊，陶瓷文化历史悠久璀璨。瑶里的茶叶清香味甘，历来便是“贡茶”的不二选择，更是世界三大高香茶之一。这片神奇的土地上，除了积淀深厚的人文历史，还有着风光秀丽的自然景观，高达94%的森林覆盖率使这里成为绿色的海洋，成为各种稀有动植物的天堂。此外，还有幽深险峻的河谷，气势磅礴、雄伟壮丽的瀑布，澄澈清幽的深潭等，各具风采，令人神往。

浮梁古城位于景德镇的郊区，布局形似八卦的古城是历代浮梁县治所在，始建于唐元和十二年（817年），后历经宋、元、明、清等朝代，千年来古城内的五品古县衙和宋代红塔依旧保存完好，见证着古城的历史变迁和岁月沧桑。浮梁的古县衙不仅是江西省内唯一一座保存完好的清代县衙，也是全国仅存的4座县衙之一，被誉为“江南第一衙”。古县衙规模宏大，按照中轴对称格局分布的建筑错落有致，衙署内各项设施也保存完好，将其原本的风貌完整重现，让大家对古代的县衙也有一个全面的了解。被称为“江南第一塔”的红塔，原名为西塔，始建于北宋初年（961年），这座大型古塔历经千年依旧保存完好，巍然屹立于这片古老的土地上。

景德镇，这座以盛产瓷器而闻名古今中外的古老城市，不仅没有随时间流逝而没落，反而因为新世纪新气象而焕发出新的生机，她正紧跟时代的步伐，积极主动做出调整，把更多的精品推向国际市场。

旅游小贴士

地理位置：江西省景德镇市

最佳时节：秋季

旅游景点：瑶里、浮梁古县衙、宋代红塔、古窑、御窑

特色风味：乐平狗肉、瓷泥煨鸡、蔡家水芋、饺子粑

赣州 千里赣江第一城

赣州别称“虔城”，也称“赣南”，地处江西省的南部，赣江上游，既是江西的南大门，也是内地通往东南沿海地区的要道。有着 2200 多年建城史的赣州，素有“赣江第一城”“江南宋城”“红色故都”“稀土王国”等称号。

通天岩风景区位于赣州市西北方向的郊外，为典型的丹霞地貌，唐朝时期就已开始开凿，兴盛于北宋时期，是一处著名的石窟文化风景。在通天岩西侧的翠微岩、俗称东岩的忘归岩、龙虎岩以及通天岩的主岩上皆雕有佛龛及摩崖石刻，现存唐宋时期的佛龛 315 处，摩崖石刻 97 品，为江西最大的石龛造像群，素有“江南第一石窟”的美誉。通天岩之名来自于“石峰环列如屏，颠有一窍通天”，这里不仅有深厚的石窟文化、众多的名胜古迹，丹霞风貌、自然风光亦是十分美丽怡人。古时候多有文人名士来此处游览，苏东坡、王阳明、阳先行等留下众多赞美之词。

旅游小贴士

地理位置： 江西省赣州市

最佳时节： 秋季

旅游景点： 通天岩、八镜台、宝葫芦农庄等

特色风味： 于都烧卷子、沙地板鸭、三杯鸡、糯米鸡、生煎鸭、赣南小炒鱼、珍珠粉

宝葫芦农庄地处赣州市章贡区水西镇，占地 86 万多平方米，是一处规模十分宏大的现代绿色生态农庄，为现代“赣州八景”之一。这里既有清新自然的田园风光、淳朴浓郁的乡村气息，也有设施齐全的休闲娱乐场所和特色景点众多的旅游观光区。来到这儿你可以泛舟湖上，欣赏四周风光，或是在溪边垂钓，放松心情；你可以坐上高高的摩天轮一览宝葫芦姹紫嫣红的美景，或是体验过山车的刺激与快感；你还可以骑在马背上感受如在大草原上一般疾驰的自由欢畅……总之，在这里你可以尽情游乐、放松自我。

八镜台是江西著名的古迹之一，现坐落在赣州市的八镜公园内，它建于宋代的古城墙之上，登上此台后，赣州八景尽入眼底，“八镜台”之名名副其实。现存的八镜台是后来重建的，总面积达 574 平方米，造型古朴，装饰却极华丽，飞檐翘角、雕梁画栋，煞是雄伟壮观。八镜台内还设有赣州博物馆，是千年来赣州历史文化和社会发展历程的浓缩，也是文物古迹精华的汇集。

赣州是全国三大客家人聚集地之一，相传秦始皇为建阿房宫，曾派人上洛山伐木，这就是最早进入赣南，并对赣南进行开发的客家人。来到赣州一定要体会一番客家人的民俗风情，婉转动人的客家山歌、具有当地特色的采茶戏、盛大的龙舟大赛等都极为精彩。满足了视听之娱后，千万不要错过当地有名的雄黄酒和各种特色小吃，一定要大快朵颐一番才不虚此行。

八镜台是赣州也是江西著名古迹之一，台内设有赣州博物馆，台下建八镜公园。

济南 天下泉城

济南是一座历史悠久的古老城市，因境内泉水众多，所以又被称为“泉城”，享有“四面荷花三面柳，一城山色半城湖”的美誉，七十二名泉奔涌流淌，潺潺不绝，自古就是“家家泉水，户户垂柳”，宛如江南水乡，令人神往。

济南这座文化名城有着 4000 多年的历史，是史前文化“龙山文化”的发祥地，自然风光旖旎多姿，人文底蕴博大深厚，古迹名胜不胜枚举，除去泉水、湖泊，还有龙山文化城子崖遗址、明府城、洪楼教堂、鞭指巷、四门塔等。其中，最为著名的便是被誉为济南三大名胜的趵突泉、大明湖、千佛山。

洪楼教堂雪景。

旅游小贴士

地理位置：山东省济南市

最佳时节：秋季

旅游景点：大明湖、趵突泉、千佛山、李清照纪念堂、历下亭等

特色风味：草包包子、孟家扒蹄、油旋、甜沫、亮亮拉面、把子肉

趵突泉。

在济南的七十二名泉中最有名的当属趵突泉，有“天下第一泉”之誉。趵突泉位于济南的市中心，是济南这座泉城的标志，与大明湖、千佛山并称为济南的三大名胜。俗话说“游济南不游趵突泉不成游”，泉水文化公园是以趵突泉为主体而形成的，趵突泉昼夜不停翻滚、奔涌，为这座公园、这座城市带来了源源不断的生机。趵突泉并不是独自成景，它周围还有漱玉泉、柳絮泉、金线泉、皇华泉等 30 多个名泉，共同组成了趵突泉泉群，是济南四大泉群之首。这里还有李清照纪念堂、万竹园、娥英祠等众多古迹，为趵突泉增添了浓厚的文化底蕴。

大明湖位于济南市偏东北的一隅，是济南众多泉水的汇集之处，湖面 58 万平方米，平均水深 2 米左右，最深处 4.5 米。大明湖的风景优美、秀丽迷人，“明湖泛舟、历下秋风、汇波晚照”是“济南八景”中的前三甲。人文历史更是悠久，早在北魏年间就已有相关文字记载，唐宋时期已声名远扬、闻名四海，成为大家不可不去、不可不赏的一处胜景。“四面荷花三面柳，一城山色半城湖”是对大明湖风景的最好写照。湖水碧波晶莹，湖上鸢飞鱼跃，湖中碧叶连天，荷红点点，清香四溢，沁人心脾。碧波上、荷叶间小舟穿梭，画舫荡漾。大明湖不仅有着优美的自然风光，岸边还分布着众多的亭台楼阁，如历下亭、湖心亭、遐园等，还有错落有致的长廊水榭，虽是在北方，可是这里却到处弥漫着浓浓的江南水乡风情。这些具有悠久历史的建筑为大明湖增添了

风光秀丽、景色怡人的大明湖。

千佛崖石刻皆为唐朝作品，历时千余年依然保存完好。

许多文化色彩。大明湖还有四大怪——“蛇不见，蛙不鸣，久雨不涨，久旱不涸”，更是为其增加了浓重的神秘色彩，令人心驰神往。

千佛山是济南三大景观之一，位于济南市历下区，属于泰山的一条支脉。相传大舜曾在此耕田，所以后人也将其称作舜山或舜耕山。来到千佛山公园，远远望去，只见山势连绵，颇有神韵，由地图上的信息可知，这便是“坐鳌巨佛”，堪称世界之最。从南面看，金鸡岭、佛慧山和平顶山略显出些轮廓，直到视线移向东方，燕子山的“鳌头”才将这座景观连成一体，而更让人称奇的是，如果在高空中俯瞰千佛山景区，可见一尊巨型的坐佛栩栩如生，不禁使人感叹大自然的鬼斧神工。半山腰上的兴国寺庭院深深、殿阁错落有致；皆是唐朝石刻作品的千佛崖，具有极高的审美价值；洞深 500 多米，由莫高集锦、龙门精华、麦积奇观、云冈荟萃 4 部分构成的千佛洞造像兼具我国“四大石窟”之长，深受人们喜爱。

济南，这颗齐鲁大地上历经风云的耀眼明珠，文人为其抒怀，诗人为其歌颂，游人为其沉醉。

高 31 米的弥勒佛铜像位于千佛山东麓。

临淄 齐国故都

临淄原名营丘，地处山东省中部鲁中丘陵与鲁北平原的交界处，因东与淄河相临，齐献公将其改名为临淄。临淄是华夏文明的发祥地之一，8000 年前的后李文化、6000 年以前的大汶口文化、4000 年以前的龙山文化皆在这里留下历史的遗迹，并创造了古老的早期文明。

临淄虽为淄博市的辖区，但在周代时曾作为“春秋五霸之首，战国七雄之一”的齐国国都长达数百年之久，所以临淄境内有众多齐国的文物古迹。走进临淄，既可以欣赏齐文化的博大精深，还可以倾听曲折动人的故事，探寻神秘悠远的古老遗迹。

齐国历史博物馆，是我国十大异型博物馆之一，坐落在临淄区齐都镇镇政府驻地。齐国历史博物馆的前身为齐国故城遗址博物馆文物陈列馆，始建于1985 年，规模宏大，以大城与小城相衔接的方式修建，青砖垒筑，没有窗户，远远望去，就像一座古老的城堡，古典神秘。走进馆内，首先映入眼帘的是印有齐长城的大型照片，见证着齐国悠久的历史文化。在大门的中部，镶嵌着三角形图案的 3 根木柱共同组成的一个古“齐”字，这是齐国历史博物馆的标志。馆内的陈列厅装饰与外部相吻合，古朴素雅、庄严大方。馆内陈列的文物种类多样、数量繁多，且多为具有代表性的珍品，再加上现代科技配置的音乐、灯光、视频等，让你仿若穿越到 2000 多年前的齐国都城，既可欣赏齐国都城的威严壮观，也能了解齐国古老悠久的文明及历史发展历程。

中国古车博物馆位于临淄区齐陵镇后李官庄村北部，坐落在后李文化的遗址上，其最独特之处在于将车马遗址和历史文物相结合，系统完整地展示了我国悠久的车乘历史。馆内主要分为古车陈列和春秋殉马坑两部分，可以通过实物、模型和各种图片的展示与文字的解说来了解古车的发展历程，以及车乘在生活、生产、交通、战争中所起到的重要作用。位列全国十大发现之一的春秋殉马坑规模宏大，坑内的 10 辆战车和 32 匹战马的遗骨保存完整，为当代全国之冠。历经 2600 多年的风云岁月，这些古马车依旧静静地躺在这里，书写着齐国悠久辉煌的车马史。

在这片古老神秘的土地上，璀璨的齐文化得以传承发扬，当地独特的民俗文化亦是异彩纷呈。蹴鞠活动早在 2300 多年前的齐国故都就已非常流行，是一种类似现代足球比赛的活动，成为民间盛行的一种娱乐项目；还有当地流行的八仙戏、鹧鸪戏、吕剧等，丰富着人们的日常生活，为当地文化增光添彩。

旅游小贴士

地理位置：山东省淄博市临淄区

最佳时节：春、秋季

旅游景点：齐国历史博物馆、中国古车博物馆、东周殉马坑

特色风味：齐都赵氏烧鸡、王齐酥饺、金岭酱牛肉、金岭蜜食

殉马坑为春秋时期齐国君主的墓地，所殉马匹皆为雄健的战马，排列整齐，十分壮观。

临淄是足球运动的发源地，当地随处可见关于蹴鞠活动的雕塑。

台儿庄 京杭运河的活化石

台儿庄，位于山东省枣庄市，历史上的台儿庄形成于汉朝，发展于元代，繁盛于明清。有记载这样形容台儿庄的繁荣富庶：“商贾云集，船舶迤逦。入夜，一河渔火，歌声十里，夜不罢市。”乾隆皇帝第四次南巡至此，看到此情此景，堪比江南水乡，称赞这里为“江北水乡”，更御笔亲书“天下第一庄”。

台儿庄古城的建筑风格各异，拥有北方大院、徽派建筑、水乡建筑、闽南建筑、欧式建筑、宗教建筑、岭南建筑、鲁南民居等 8 种建筑风格，但整体上以简洁朴素为主要特征，具有“七分雄、三分秀”的特点。许多建筑都沿河而建，河道中舟楫如梭，百舸争流，街巷丝竹声不绝于耳，前有临街的店铺，后有运河码头，建筑风格既体现了北方建筑的壮观沉实，又体现了南方建筑的灵巧轻盈。

在这里，各色古韵尽现在眼前：斑驳的石阶水门、粗犷的纤夫村落、弯弯曲曲的月河街……充满江南水乡的诗情画意、玲珑小巧的民居建筑、厚重恢宏的城门楼……无不体现着台儿庄多彩的文化。这里还有巍峨的泰山、儒学圣地孔庙、香火旺盛的关帝庙、高大宽敞的基督教教堂……展示着台儿庄融汇百家的开放胸襟。喜庆欢快的渔灯秧歌、声音震天的运河花鼓、歌声悠扬的运河号子……无一不表现出台儿庄丰富多彩的运河文化。

有人说“如今的台儿庄因战而名”，那么古老的台儿庄则“因河而兴”。在广阔的微山湖东口，台儿庄运河曲折蜿蜒一路流向东方，经过平坦无垠的鲁南大地，与运河相会，这段婉转静幽的河流被人们称为“最后一段活着的运河”。

处于京杭大运河的中间结点，台儿庄运河是唯一一段东西走向的京杭运河河道，也是上下游落差最大的一段河道。因而古城自古水系发达，水资源丰富，素有“东方水城”之称。因河而成的台儿庄充分利用充沛的水源，临水而筑、以水为生，温润静雅的气质被称赞为“江北水乡”。

有人说：“周庄是怀旧，凤凰是疗伤，丽江是艳遇”，而集“齐鲁豪情”和“江南韵致”于一身的台儿庄则是梦里水乡。在运河公园，碧水泱泱，柳枝青翠，亭台船舫，拱桥曲曲；在湿地公园，交错纵横的河流婉转清澈，静幽幽的池塘边上不时有水鸟

旅游小贴士

地理位置：山东省枣庄市台儿庄

最佳时节：夏季

旅游景点：台儿庄古城、运河公园、湿地公园、非物质文化博览园

特色风味：张氏脆皮鸡、共和凉菜卷、含羞丸子、运河石头大饼

可与江南水乡相媲美的台儿庄美丽如画。

乘小船荡漾在古运河上，从风格各异的桥下穿过，感受古城秀美、独特的神奇魅力。

掠过。白天，你可以漫步在古运河畔，欣赏运河古城的风韵；或舟楫摇曳，在近百条水街、水巷间穿来穿去，漫游全城，感受她那秀美、独特、神奇的魅力。

入夜，华灯初上，大红灯笼高高挂起，璀璨斑斓的灯光将古城装扮得梦幻多姿。弯弯曲曲的水街古巷，船夫或船娘轻摇着小巧的乌篷船，载着中外游客在风格各异的小桥下穿行。小船缓行，碧波荡漾，一路欣赏着古朴淡雅，粉墙黛瓦的各式建筑，悠扬的柳琴戏动人心魄，呢哝的地方小曲情暖人心，夜色中的古城是那么的恬静秀美，让人们对古城产生了无限的想象。

台儿庄古城不仅是梦乡，水乡，更是人文气息浓厚的文化之乡。在非物质文化博览园，各种手工艺品，如图案好看的油纸伞、惟妙惟肖的泥塑等，令人目不暇接，还有各种花样百出的杂耍，精彩纷呈，博得游人热烈的掌声。台儿庄古城还恢复重建了以往的“四百”，即百庙、百馆、百业、百艺。这些传统的文化无不展现出台儿庄这座古城悠久的历史文化气息。

依偎在运河母亲的怀里，台儿庄古城经历了岁月的沧桑和炮火的洗礼，然而，那深厚的文化底蕴和独特的水乡古城风貌却始终如一。波光潋滟的运河，载着台儿庄人的热情与勤劳，宛如一个恬静含笑的少女，悄然而立，迎接四方宾客……

夜晚的台儿庄妩媚妖娆，别具风情。

聊城 中国北方威尼斯

聊城位于山东省西部的鲁西平原，华北、华中、华东三大区域的交界处，也是山东省的西大门，因城内古时有聊河流经而得名。聊城境内不仅有波澜壮阔的京杭大运河穿城而过，还有东昌湖环抱古城，是一座名副其实的北方水城，素有“中国北方的威尼斯”的称号。

聊城这座屹立在北方的水城，历史悠久，其建城史可追溯到六七千年前的龙山文化时期，到了夏商周时期已经成为一座手工业和农业相对发展较快的城市，而最辉煌的阶段则是明清时期，因便利的水陆交通成为古运河沿岸九大商都之一，400 多年来繁荣不衰，有着“江北一都会”的美称。

旅游小贴士

地理位置： 山东省聊城市

最佳时节： 春、秋季

旅游景点： 光岳楼、海源阁、东昌湖等

特色风味： 八批果子、老豆腐、聊城呱嗒

光岳楼是中国既古老又雄伟的木构楼阁，也是宋元建筑向明清建筑过渡的代表作，在中国古代建筑史上有着重要地位。

2500 多年的悠悠岁月在这里积淀下丰富的文化，漫步在古城中随处可见历史遗迹，随时可感受到古文化的魅力。其中，位于聊城旧城腹地的光岳楼，又称“余木楼”“东昌楼”，是我国十大名楼之一，始建于明洪武七年（1374 年），因其是宋元建筑风格向明清建筑过渡的木构楼阁的代表作，所以在我国古代建筑历史上有着不可替代的重要地位，“虽黄鹤、岳阳亦当拜望”。光岳楼筑于高台之上，四层高，飞檐翘角、装饰精美、雕刻精细，远远望去，格外恢宏大气。这座巍峨的楼阁还颇受帝王将相、文人名士的欢迎，他们登临此楼一览胜景之后总要赋诗作词加以赞美。此外，楼内保存的众多名人题刻、匾联也尤为珍贵。

海源阁位于聊城光岳楼南的杨氏宅院内，始建于清道光二十年（1804 年），内部藏书 4000 多种、22 万多册，其中不乏众多宋元珍本，是杨氏四代人的心血，享有“四经四史斋”“琅嬛之府、群玉之山”等众多美誉。这座著名的私人藏书楼是清朝进士杨以增所建，为清代四大藏书楼之一，也是聊城文风昌盛的标志之一。这座高有两层、面阔三间的藏书楼，面积虽说不大，但装饰精美、雕梁画栋，为江北水城的一处盛景。

环绕古城一周的东昌湖又名胭脂湖，水面辽阔、碧波荡漾、风光秀丽，是这座江北水城中最耀眼的一颗明珠，坊间向来有“南有西湖，北有东昌”的说法。东昌湖并非天然湖，是在宋熙宁三年（1070 年）因修筑城墙及护城河开挖而成，后经历代的扩建终成今日的规模，其面积与杭州西湖不相上下。东昌湖水晶莹澄澈，终年不竭，景色秀美，与聊城古城区的古朴风韵交相辉映，共同打造出了一个独具风韵的江北水城。

东昌湖又名胭脂湖，是这座江北水城中最耀眼的一颗明珠。

蓬莱 东方神话之都

蓬莱，这座坐落在胶东半岛北端的历史文化名城，因西汉武帝东巡访仙，望见海中仙山蓬莱而筑，并以蓬莱为城命名。“八仙过海”的神话传说和秦皇汉武访仙求药的历史故事，还有“海市蜃楼”的奇观，令它名扬天下，成为我国的“东方神话之都”。

蓬莱阁，一个因盛传求仙而名传天下的楼阁，相比于四大名楼中的滕王阁、黄鹤楼和岳阳楼，这三个因自然美景与览物之情的珠联璧合才得以传承于世的三大名楼，蓬莱阁略显单薄了些，但它那缥缈如仙的美丽风景，神秘动人的神话传说，使它超脱于俗世之外，成为神仙住所般的人间仙境。蓬莱阁坐落在蓬莱市城北海边的山崖上，蓬莱阁的主体建筑建于北宋嘉裕六年（1061年），后在明清时期进行扩建，使其更具规模。高 15 米的蓬莱阁雄踞于丹崖山巅，巍然屹立，挺拔俊秀，坐北朝南的阁上以明

八仙过海的神话故事源远流长，栩栩如生的八仙雕塑依旧在蓬莱岛上伫立。

旅游小贴士

地理位置：山东省蓬莱市

最佳时节：春、秋季

旅游景点：蓬莱阁、蓬莱水城、三仙山等

特色风味：蓬莱小面、八仙宴、蓬莱卤驴肉

古朴典雅的蓬莱阁。

廊环绕，以供游人登高远眺，是观赏“海市蜃楼”奇异景观的最佳处所。千百年来，蓬莱阁独居渤海之滨，黄海之畔，吸引着无数游人来此一饱眼福。

蓬莱阁下有一座蓬莱水城，建于明洪武九年（1376 年），原为宋代边防水寨“刀鱼寨”旧址。后为了抵御倭寇，就依据地势建筑城墙，将海水引入城内，用来操练水师。整个蓬莱水城有南北两个城门，北门与海水相连，主要供船舶出入，南门与陆地相连，供行人及车马出行。严密的海上防御体系使水城进可攻、退可守，也可控制附近的海域，保卫沿海人民的生命及财产安全，在我国的海港建筑史上具有举足轻重的地位。

蓬莱市是山东省唯一一个同时拥有两个 5A 级景区的县级市，在空间布局上，整合北部“仙、阁、海”，中部“酒、湖、马”，南部“山、林、泉”生态要素，着力打造生态旅游，形成“山海呼应、城乡交融、全域覆盖”的全域旅游格局。在北部区域，修缮保护蓬莱阁、蓬莱水城等国家级文物保护景点，建成海洋极地世界、三仙山等景区，拓展沿海水域，打造滨海休闲度假区；在中部地区，依托葡萄长廊和南王山谷、丘山山谷、平山河谷，推进精品酒庄建设，打造葡萄酒风情体验区；在南部山区，发挥森林、温泉、果品等特色，建设艾山自然保护区。富有特色的滨海资源、葡萄与葡萄酒资源、乡村生态资源与旅游的深度融合，缔造了独特的“蓬莱生活方式”。

优美的山光水色和厚重的历史文化积淀使这个依山傍海的“山海名邦”魅力无限，成为游人争相游览的胜地。

古色古香的建筑群，展示着蓬莱深厚的文化底蕴。

曲阜 孔圣故里

“千年礼乐归东鲁，万古衣冠拜素王”。历史悠久的山东曲阜因孔子而名扬天下，备受推崇，成为受世人尊崇的世界三大圣城之一，有“东方耶路撒冷”之称。

曲阜位于山东省的东南部，是周朝时期鲁国的国都，中国古代伟大的思想家、教育家、儒家创始人孔子的诞生地。曲阜有着深厚的文化和悠久的历史，是闻名全球的儒学文化的发祥地，拥有孔庙、孔府、孔林、石门山国家森林公园和六艺城等景点。

旅游小贴士

地理位置： 山东省曲阜市

最佳时节： 春、秋季

旅游景点： 孔府、孔庙、孔林、杏坛、六艺城等

特色风味： 熏豆腐、孔府糕点、四喜丸子、福寿绵长、鸳鸯鸡

孔府是一处官衙与府第合一的典型封建贵族庄园，素有“天下第一家”之称。

孔府可以说是游览曲阜的第一站。孔府始建于宋代，与孔庙相毗邻，经过历朝历代的扩建，规模十分宏大。既是历代孔子嫡系长子、长孙的府第，也是一处官衙与府第合一的典型封建贵族庄园，更是我国现存古建筑中规模最宏大、最豪华的封建官僚贵族府第，素有“天下第一家”之称。整个庄园占地约12万平方米，有厅、堂、楼、轩等各式建筑463间，分为中、东、西三路布局，九进院落，仅次于明、清皇帝宫室。此外，园内还有内宅，前上房、前堂楼、后堂楼、花园等。在这古木参天、雅致庄重的府邸中，处处弥漫着浓郁的文化气息。

孔庙，坐落在阜城中心，是我国历代封建王朝祭祀孔子的地方，气势雄伟，规模庞大，同北京的故宫、河北承德市的避暑山庄并称为中国的三大古建筑群。该建筑主要仿造帝王宫殿之制，前后九进院落，贯穿于南北中轴线上，金碧辉煌的宫殿布局规整，结构严谨，恢宏大气。这些古建筑处处又包含着特殊的思想文化内涵，庙的中门、坊、殿、堂的题名及匾额皆彰显着儒家风范。孔庙的香火每日不断，香火缭绕中的孔庙庄严肃穆，显得神圣而又神秘。

有“至圣林”之称的孔林，是孔子及其家族的专用墓地，也是目前世界上面积最大、延时最久的氏族墓葬群。郭沫若曾说过：“这是一个很好的自然博物馆，也是孔氏家族的一部编年史。”时至今日，孔家的香火依然繁盛，林内的坟墓也有增无减，凡孔家后人多有资格在此安葬。在众多墓碑中，孔子的墓以红墙围绕，

孔林又名“至圣林”，是孔子及其家族的专用墓地。

杏坛是为纪念孔子讲学而建，因周围杏树环绕，故名曰“杏坛”。

墓前置有香炉和用泰山封禅石垒就的供桌及两座碑刻。“断碑深树里，无路可寻看”，在万木垂荫下，石仪成群，碑石如林，各个时代的名人题记遍布，孔林名副其实。

众所周知，孔子打破“学在官府”的传统，创办私学，一生崇尚和倡导“礼、乐、射、御、书、数”六艺，于是今人以此为引线建立了六艺城。在这座大型娱乐城中，既可以观赏周天子登基之盛况，也可以跟随孔子的脚步周游列国。位于曲阜城东北处的石门山，原名龙门山，因两峰对峙形似石门而得名。山上峰秀林密，洞幽涧深，风光秀丽怡人。相传，李白、杜甫曾在此处设宴话别，孔尚任更是在此山中隐居多年。

作为儒家圣地，曲阜有很多代表或纪念儒家典故的建筑、景点，纷繁众多的景色散布在这片充满浓郁儒文化气息的天地里，让人驻足难忘。

孔子的墓以红墙围绕，墓前置有香炉、供桌及两座碑刻。

第二章 华北地区古城

北京 千年古都

在华北平原的东北边缘，燕山之南坐落着中华人民共和国的首都——北京。它不仅是全国的政治、经济、文化中心，更是一座有着 3000 年历史的古城，与西安、洛阳、南京共同组成了我国的“四大古都”。自春秋战国时期的蓟国在此建城开始，它一直都是我国北方的重镇，辽、金、元、明、清五朝更是将它作为一国之都，在此建立政权，统御四方。几千年的历史文明在这里积淀下深厚的文化底蕴，汇集了中华文化的精华，众多的名胜古迹和人文景观在这里大放异彩，吸引着世界各国的友人来此触摸历史的痕迹，见证古人的智慧。

蓝天下的故宫宏伟壮丽。

北京这座古老的皇城拥有 7 项世界级的文化遗产，是世界上拥有世界文化遗产最多的城市之一，有着无与伦比的国际影响力，位于北京城腹地的故宫便是其中的翘楚。这座被誉为世界五大宫之首的宫殿，旧称紫禁城，始建于明永乐四年（1406 年），是明清两代皇帝的皇宫，600 多年来一直都是国家的权力中心，以睥睨天下的气势屹立于北京市的中心地带。故宫四周围墙高筑，护城河蜿蜒不绝，既可保卫皇城的安全，又将宫廷与外界隔绝开来，留给世人一种凛然不可侵犯的神秘感。城内的建筑皆为木质结构，黄琉璃瓦覆顶，青白石底座，再加上精雕细琢的彩绘图案，一眼望去，蓝天下绵延不绝的殿宇富丽堂皇，宏伟壮丽，令人叹为观止。

故宫角楼临水而建，凌檐飞角，精致典雅，是故宫的标志之一。

欣赏完庄严大气的故宫，一定不能错过风景旖旎的颐和园。它位于北京的西北处，是我国的四大名园之一，本为乾隆皇帝孝敬母亲而建，后经历代帝王的不断修缮、扩建成就了宏大的规模，被誉为“皇家园林博物馆”。颐和园是在万寿山和昆明湖的基础上修建起来的，构思巧妙，布局严谨，既有北方园林的富贵宏大又有南方园林的小巧精致。远远望去，碧波、绿树、楼阁、远山、蓝天、白云，天地风景浑然一体，组成了一幅美丽迷人的画卷，令人流连忘返。

图为圆明园现存的遗址。

除此之外，悲情的圆明园、神圣的天坛和险峻的八达岭长城都是北京这座城市著名的景点，是历史浓缩的精华。圆明园位于北京的西郊，与颐和园相邻，是结合中西方建筑艺术精华的皇家园林，被誉为“万园之园”。它始建于康熙年间，其建筑之精美、技艺之精湛、装饰之豪华世所罕见。这座像仙境一样的园子，本应像西方的凡尔赛宫一样永世留存，却遭到了英法联军的洗劫与焚毁，成为一片废墟。但从这些残垣断壁中仍然依稀可辨昔日的建筑布局与夺目的风采。

美丽如画的颐和园。

旅游小贴士

地理位置： 北京市

最佳时节： 四季皆宜

旅游景点： 故宫、颐和园、天坛、圆明园、八达岭长城、北京胡同

特色风味： 紫溪粉、熏鹅、瘦肉羹、清明粿

天坛是世界上最大的祭天建筑群。天坛有两重垣墙，分为内坛、外坛两部分。坛墙南方北圆，象征天圆地方。

在“君权神授”的封建社会，作为上天之子的皇帝代天牧狩万民，为了风调雨顺、百姓安康、天下太平，每年皇帝都会祭天祈祷，于是天坛便应运而生。天坛公园位于北京市东城区永定门内大街东侧，是我国现存规模最大的祭祀性建筑群，始建于明永乐十八年（1420 年），是明清两代皇帝举行祭天大典的场所。天坛面积广阔，占地约 270 万平方米，墙有两重，南方北圆，寓意“天圆地方”，祈年殿、皇乾殿、祈年门等主要建筑集中于内坛，外坛则是环绕而植的参天古柏。严整的布局、巧妙的设计和精美华丽的装饰不仅使它闻名于世，更彰显着天人感应、天人和谐的哲学思想。

“不到长城非好汉”，来到北京就一定要登上长城，一睹其雄姿。位于北京市延庆县军都山关沟古道北口的八达岭长城是对外开放最早的明长城，也是明长城中最具代表性的部分。长城盘桓于陡峭的山岭间，逶迤起伏、绵延不绝，如同纵横驰骋的巨龙，气势不凡，展现了万里长城雄伟险峻的风姿，吸引了无数的中外游客来此一览胜景。

在古老的北京城，漫步于宁静悠远的北京胡同，徜徉于古色古香的四合院，吃一串冰糖葫芦，喝一口老酸奶，听一曲纯粹的京剧，或者蹲在城墙根下听摇扇的“老北京”讲那古老的故事，处处充满着令人着迷的北京韵味。

八达岭长城。

天津 渤海明珠

天津，简称津，位于华北平原的东北部，燕山之南，渤海之畔，与首都北京相毗邻，是中华人民共和国四大直辖市之一，中国北方最大的沿海开放城市。这座有着“渤海明珠”之称的现代都市，有着深厚的历史文化底蕴，它发源于隋朝大运河开通时期，因漕运而逐渐兴盛，从唐中叶起一直作为军事重镇和漕粮转运中心而存在。天津正式设城是在明永乐二年（1404 年），数百年来，城市规模不断发展壮大，其独特的人文和自然景观也逐渐形成，成就了天津今日的辉煌。

从厚重敦实的鼓楼可以想见昔日作为军事重镇的天津古城的无限荣光。

天津这座沿海城市，历经数百年的风云变幻，既包含我国传统文化的精髓，又刻有西方殖民者遗留的时代烙印。在天津市中

旅游小贴士

地理位置： 天津市

最佳时节： 6～11月

旅游景点： 五大道、意大利风情街、盘山、大沽口炮台

特色风味： 狗不理包子、锅巴菜、油炸蚂蚱、八大碗

心的南部，东西向并列着5条街道，分别以我国西南的大理、重庆、常德、睦南及马场5座名城为名，简称“五大道”。这里汇集着二十世纪二三十年代英、法、德、意、西班牙等不同国家不同风格的建筑，一走进这里，浓郁的西方风情扑面而来，绿树掩映中鳞次栉比的花园式房屋、名人名宅让人目不暇接，富丽堂皇的巴洛克式建筑、高贵典雅的文艺复兴建筑、恢宏大气的古典主义建筑以及各种融合中西方建筑文化精华的建筑等，“万国建筑博览会”之称果然名实相副。在天津市河北区原意大利租界内，还隐藏着一条意大利风情街，临水而建的欧式建筑、多样风情的小洋楼和绚丽多姿的夜景，仿佛让你置身于欧洲古老的小镇，宁静祥和，温馨舒适。

领略过浓浓的异域风情，再来到有着“京东第一山”之誉的盘山，体味一番我国文化的博大精深。盘山位于天津市蓟县的西北方，相传东汉末年一位叫田畴的名士和其族人共同隐居于此山上，后来在曹操率军攻打乌桓时，为军队领路大破敌军，曹操便对他大加封赏，田畴拒而不受，继续隐居于此。后来人们便称此处为田盘山，简称为盘山。这里有着引人入胜的如画风景，奇山、秀水、飞瀑、深潭、古木、繁花勾勒出盘山秀美的容颜，多情的风姿。在那险峻的山峰上、绿树掩映中、涓涓细水畔还矗立着一座座佛教寺院、皇家园林，它们将盘山点缀得愈加迷人。历代帝王将相、文人骚客都为其盛名所吸引，竞相游览于此，并留下了众多流传千古的佳作，为盘山添上浓墨重彩的一笔。

充满着意大利风情的佛罗伦萨小镇。

盘山主峰——挂月峰。

游走于古韵浓厚的古文化街，欣赏传承历史的“艺三绝”，感受古老文化的魅力。

在天津还有一处值得人们永记铭记的地方，它记录着华夏儿女愤起抵抗外敌入侵、保卫家园的英勇行为，那便是有着“津门之屏”之称的大沽口炮台。它位于天津市海河入口处，自古以来就是天津最前线的门户，坚定地守护着这一方土地和人民。大沽口是从明代开始驻地设防，清朝时开始设置炮台，后期逐渐形成了以“威、镇、海、门、高”为主体的防御体系，在一次又一次的隆隆炮声中，大沽口炮台用血与火书写了一段悲壮而又可歌可泣的屈辱历史。如今昔日的火炮丧失了它应有的价值与作用，红褐色的炮管已是锈迹斑斑，火炮冲天、杀声四起成为了永久的历史。登上炮台，向大海眺望，碧空下湛蓝的海水延伸天际，时有海鸟飞翔，一片祥和的画面，共同构成一幅“海门古塞”的迷人风景。

游走在天津的街道上，在岁月的烟尘中，那些历史的痕迹并没有随时光淡化，反而愈加清晰地展现出天津古老悠久的文化内涵。在这悠闲自在的城市里，安详惬意的时光中，慢慢探索，我们会发现古今中外的众多名人都在这里留下了足迹，书写一篇篇历史的华章。这座虽厚重却不张扬，以内敛古朴的姿态逐渐走入人们视野的城市，以自己独特的魅力，深深地扎进人们的心中，成为一座坚不可摧的城池。

大沽口炮台。

承德 塞外京都

承德，旧称热河，位于华北和东北两个地区的交界处，是国家首批历史文化名城之一。走进这座古老的城市，那斑驳的城墙、沧桑的古建筑、古老的文物处处可见，它们承载着承德悠久的历史和辉煌璀璨的过往，是这座城市最真实的记忆。在历史的变迁、岁月的消逝中，它们一如既往地坚守，继续传唱着承德不老的盛世传说。

承德历史悠久，是一座名副其实的古城。据考证，早在新石器时代原始人群便已在这片土地上居住生活，自秦汉以后，历代政权也都在此设立各级行政机构，成为国家重要的组成部分。而由于承德“左通辽沈，右引回回，北控蒙古，南制天下”的重要地理位置，目光长远、具有雄才伟略的清康熙皇帝，在承德这片“本是北方牧马场”的土地上大兴土木，建造了世界上最大的皇家园林——避暑山庄和世界上最大的皇家寺庙群——外八庙，从此奠定了承德的城市之基，也使其达到了历史上的最高峰。

承德避暑山庄又称热河行宫，位于承德市的北部地区，是清代皇帝夏季避暑和处理政务的场所，规模宏大，雄伟壮观。避暑山庄虽然是皇家园林，但与庄严肃穆、金碧辉煌的紫禁城迥然不同，避暑山庄整体的格调要显得古朴清雅许多，青砖素瓦的基色让它多了几分自然山水的野趣和悠闲惬意。山庄的平原区、山区、湖泊区分区明确，整体布局设计也与周围地形相结合，巧夺天工，景色多样，秀丽多姿，又迥异于一般的园林设计，形成自己独特的风格。山庄内的亭台楼阁、殿宇庙堂等建筑也多顺势而建，三三两两点缀其间，与周围的山川古树、碧水蓝天相融合，营造出回归自然之势，形成了一幅虽不是江南却胜似江南的美丽画卷，“中国地理形貌之缩影”与“中国古典园林”的盛誉更是实至名归。

风景秀丽、景色怡人的避暑山庄。

在承德避暑山庄的东北部还分布着8座藏传佛教寺庙，因地处长城以外，又为了区别于北京的32座寺庙，故被称为外八庙。外八庙包含溥仁寺、普宁寺、溥善寺、安远庙、普陀宗乘之庙、殊像寺、须弥福寿之庙、广缘寺共8座，从康熙五十二年（1713年）至乾隆四十五年（1780年），历经67年才陆续建成。建筑规模宏大，雄伟壮观，并且结合了汉、满、藏、蒙多民族的文化特征，既有布达拉宫雄伟的气势，也有五台山殊像寺独特的风采。在这里可以领略世界上最大的木制佛像千手千眼观音菩萨的神姿，还可以参观在普宁寺举行的我国北方最大的佛事活动。

普陀宗乘之庙琉璃牌坊色彩明丽，富丽堂皇。

除此之外，在承德滦河上游还有清代皇帝举行“木兰秋狩”的木兰围场，这里被称为“云的故乡，花的世界，林的海洋，水的源头”，处处都充斥着生命的色彩、自由的气息。还有滦平县境内的金山岭长城，更是万里长城最精华的一部分，素有“万里长城，金山独秀”的美誉，任何语言的描绘都是苍白无力的，只有置身其中才能领略它的无限风光。还有题材广泛、风格独特的丰宁剪纸文化，更是享誉世界，被誉为“中国剪纸之乡”，为承德增色添彩。

金山岭长城是万里长城最精华的地段之一，山势险峻，雄伟壮观。

旅游小贴士

地理位置：河北省承德市

最佳时节：夏末、秋初

旅游景点：避暑山庄、外八庙、金山岭长城、木兰围场

特色风味：大扁、榛子、炸灌肠儿、豌豆黄儿、驴打滚儿、冰糖葫芦、爆肚儿

保定 京畿重地

在河北省的中部，屹立着一座集自然风光和历史人文于一体的小城——保定。因其位于北京、天津、石家庄之间的三角地带，且东临白洋淀，西傍太行山，地理位置优越，自古以来就是“北控三关，南达九省，地连四部，雄冠九州”的“通衢之地”，更是历代帝王霸主的必争之地。春秋战国时期的燕、中山和西晋末年的后燕，都曾于此建都，到了元、明、清更是成为守护京畿重地的大门。在这 3000 多年的悠悠岁月中，保定成为一座内敛深厚又悠久璀璨的古城。

大慈阁是保定市最高大的古建筑，为保定八景之首。

保定作为国家批准的历史文化名城，拥有众多的风景名胜。其中，建于宋元时期（1227 年）的大慈阁是保定最具代表性的建筑，素有“不到大慈阁，何曾到保定”之说。大慈阁高 31 米，是市内最高的古建筑，风格古朴大气、庄严肃穆，在阁内供奉着释迦牟尼佛和观世音菩萨。登上主阁的第三层，凭窗远眺，远近风光尽收眼底。阁后有一座建于明代的关帝庙，其罕见之处在于庙宇坐南朝北，故又被称为“倒座关帝庙”。

来到保定，就一定要去有着“一座总督衙署，半部清史写照”之称的直隶总督署游览一番，它是一所保存完整的清代省级衙门。直隶总督署位于市区内裕华路北侧，始建于元朝，明初作为保定府衙而存在，到了清朝成为直隶总督办公之处，也是清代直隶省的最高军政机关。直隶总督署历经了自雍正到宣统 8 位皇帝，是清朝历史的缩影和清朝文化的真实写照。

在保定市易县城西坐落着规模宏大的清西陵，它是自清雍正开始以及之后的 4 位皇帝的陵寝。清西陵背靠永宁山，毗邻易水河，群山环绕，古木参天，郁郁葱葱，富有浓郁的江南园林的特色。这里埋葬的虽大多是清朝由盛转衰后各个时期的帝王，但作为皇家陵寝，清西陵布局大气，各个建筑金碧辉煌，保留着皇家应有的气派。在陵区内有着规模宏伟、数量庞大的宫殿建筑、古建筑与古雕刻，技艺精湛，严格遵循清代皇帝陵寝制度的每座陵寝也各具特色，展现出不同的景观和风格。

说起保定，有一处地方大家一定忘不了，那就是位于安新县、雄县和沧州市之间的白洋淀。泛舟湖中，清波碧浪，苇影婆娑，一幕幕华夏儿女英勇抵抗侵略的动人故事曾经在这里演绎。这里还有出土了西汉中山靖王墓中的金缕玉衣；义士荆轲、昭烈帝刘备、北魏数学家祖冲之、唐代诗人卢照邻、元杂剧家关汉卿等，这些中华民族的风云人物皆在这里诞生，令这片土地熠熠生辉。

旅游小贴士

地理位置：河北省保定市

最佳时节：夏、秋季

旅游景点：大慈阁、直隶总督府、清西陵、白洋淀

特色风味：驴肉火烧、大慈阁素面、大慈阁糕点、白运章包子、白肉罩火烧

清西陵是清代自雍正时起 4 位皇帝的陵寝之地。

白洋淀位于河北省中部，是河北第一大内陆湖，夏季芦苇密集，水道形成苇墙中的迷宫，景色非常独特、宜人，是著名的旅游胜地。

正定 古建筑宝库

凌霄塔是一座木塔，高塔巍巍，特殊的建造结构是目前国内保存的唯一实例。

正定，这个赫赫有名的北方古城位于河北石家庄，是石家庄的北大门，因重要的地理位置和雄浑壮观的城池，历史上与北京、保定并称“北方三雄镇”。它是国家历史文化名城，中国民间艺术之乡，也是三国蜀将赵子龙的故里。

正定历史悠久，至今已有 2000 多年的历史，作为北方重镇，名胜古迹众多，“三山不见，九桥不流，九楼四塔八大寺，二十四座金牌坊”。“三山不见”指的是恒山、常山、中山，三个名称有山字而不是山；“九桥不流”是指在隆兴寺天王殿前、府文庙栽门前、县文庙前院各建有一座三路单孔石桥，桥下各有一小池，雨后有些积水，天旱则干涸；“九楼”指的是原城四门楼、四角楼、阳和楼；“四塔”为凌霄塔、华塔、须弥塔、澄灵塔；“八大寺”指隆兴寺、广惠寺、临济寺、开元寺、天宁寺、前寺、后寺、崇因寺；“二十四座金牌坊”是过去正定拥有的 24 座牌坊，如许家牌坊、梁家牌坊等。这些古迹有的从汉代就开始存在，一直保存至今。此外正定还有各个朝代的不同风格的建筑，其数量之多、历史之久、种类之繁居全国前列，被许多专家学者誉为“古建筑宝库”。

名传四方的“一寺四塔”是正定辉煌过去的证明。一寺即为隆兴寺，也叫大佛寺，是当地最著名的寺庙；四塔分别为天宁寺的凌霄塔、开元寺的须弥塔、临济寺的澄灵塔和广惠寺的华塔。正定的寺院布局可以说是千古奇观，明明是佛教寺院，却是按照道教的布局排列，很有特色。

隆兴寺是正定最著名的寺庙，是目前国内历史较长、规模较大、保存较为完整的庞大寺庙建筑群，也是我国十大名寺之一，被誉为“海内名刹第一”。其建造格局整齐有致，布局合理，是研究目前国内现存宋代时期寺庙建筑的重要实例。寺内有 6 处文物堪称全国之最——一最：坐落在中轴线前部的摩尼殿；二最：面容秀丽恬静、姿态优雅端庄的五彩悬塑倒坐观音；三最：目前我国保存最早最大的木制转轮藏，里面篆刻着经文，转动经轮时寓意诵经，方便了信众，也体现出古人的智慧；四最：龙藏寺碑被誉为隋碑第一，石刻上的碑文书体技艺精湛，在我国书法史上有着重要的地位；五最：千手千眼观音菩萨高近 22 米，有 42 只手臂环绕，是我国最高的铜铸千手千眼观音菩萨；六最：设计精妙的千佛尊雕琢精湛，惟妙惟肖。

旅游小贴士

地理位置：河北省石家庄正定县

最佳时节：秋季

旅游景点：古城墙、隆兴寺、开元寺、天宁寺、临济寺、广惠寺、荣国府

特色风味：驴肉火烧、大慈阁素面、大慈阁糕点、白运章包子、白肉罩火烧

五彩悬朔观音像是隆兴寺最美的塑像，被鲁迅先生称为“东方美神”。

隆兴寺，别名大佛寺，是中国国内保存时代较早、规模较大而又保存完整的佛教寺院之一。

华塔又称多宝塔，位于广惠寺内，建造非常精致华美，是我国独一无二的宝塔。

天宁寺的凌霄塔是非常罕见的木质结构空心塔体，也是我国仅有的一例。木质结构为主的古塔历经 1000 多年的风霜依然威武壮观，可见古时高超的建造工艺。开元寺古朴典雅，简单素约的须弥塔，始建于唐朝初年，因与后来建造、名气更大的大雁塔形制相似，史称雁塔，俗称砖塔，那一块块斑驳的石砖层层叠叠保留着唐代的遗韵。临济寺的澄灵塔是为放置义玄禅师的衣钵而建，因古塔的外形在悠久的历史中变得清幽古朴，也被称为青塔。广惠寺的华塔因内部装饰精美，周围雕刻众多，被称为多宝塔，始建于隋朝时期，在唐代时走向鼎盛。整个华塔建造精美，工艺精湛，是著名的文物古迹。在昏黄温煦的夕阳照耀下，这些与悠悠岁月做伴的古塔散发出一种庄严神圣之美，它们承载着历史岁月的辉煌，凝聚着古代建筑艺术的精华，展示了古人聪慧的才智和高超的建筑技艺。

昔日的正定古城堡虽早已荡然无存，斑驳的古城墙依旧彰显着历史的辉煌、承载着文化的精华；“金门玉户神仙府，桂殿兰宫妃子家”的荣国府延续着名著《红楼梦》的不朽传奇；还有那永远向前、奔流不息的滹沱水，诉说着正定的生生不息、永久延续。

荣国府是一座具有明清风格的仿古建筑，装饰精美，宁静雅致。

邯郸 中国成语典故之乡

邯郸，一个古老悠久的名字，3000 多年来未改其名，是一座有着 7300 年文明史、3100 年建城史的历史文化名城。源远流长的历史、博大精深的文化和丰富多彩的古迹，诉说着古城的动人传说，书写着古城的不朽文明。

邯郸坐落在河北省的北端，西靠太行山脉，东临华北平原，是中华文明重要的发祥地之一。8000 多年前新石器时代的磁山先民就已经在这里繁衍生息并孕育出了古老的磁山文化，战国时期邯郸为赵国都城的时间长达 158 年之久，到了西汉后期享有“富冠海内，天下名都”的盛誉，并与洛阳、成都、临淄、宛齐并称为“五大都会”。

8000 多年的历史孕育了邯郸古老的文明和博大精深的文化，磁山文化、赵文化、鸡泽毛遂文化、女娲文化、曹魏建安文化、北齐石窟文化、建安文化、梦文化等文化脉系汇聚一地，散发着悠悠古韵。邯郸学步、负荆请罪、毛遂自荐、完璧归赵、黄粱一梦等脍炙人口的成语典故皆诞生于此，言简意赅、富于哲理，蕴含着中华民族的智慧，直到今日依旧发人深省，邯郸也因此被称为“中国成语典故之乡”。

武灵丛台。

武灵丛台是古城邯郸的标志性建筑，位于邯郸市内中华大街中段的西侧，相传建于赵武灵王时期（公元前 325 年），距今已有 2000 多年，古时为赵王检阅军队和观赏歌舞之地。据史料记载，初建的丛台规模宏大、布局严谨、建筑风格独特，天桥、雪洞、花苑等造型奇特，装饰精美，名扬天下。两千多年来，丛台历经风雨、饱受战乱，多次被毁坏后又重新建造，早已不复其原本的面貌，今日所见的丛台为清同治年间（1862 年）重新修建的。

依山而建、悬空而筑的娲皇宫是河北古建筑的杰出代表。

五大祭祖圣地之一的娲皇宫也在此地，坐落在邯郸市涉县的中皇山的山腰上，始建于北齐（550 年），相传为女娲娘娘抟土造人与炼石补天之地，它是全国建造时间最早、规模最为宏大的祭祀女娲的庙宇，被誉为“华夏祖庙”。走进中皇山，青峰溢翠、溪水潺潺、花繁草盛，风光秀丽，景色宜人，依山而建的娲皇宫掩藏于一片青山绿水之中，清幽雅致，堪为“天造地设之境”。1400 多年来，这座历经数代的古老建筑也屡遭焚毁，最初的建筑只留下了石窟与摩崖刻经两处遗迹，现存的亭台楼阁多为明清时期建筑。

陈运河曾有诗赞曰：“邯郸城里寻远古，学步桥上见典故”，诗中的学步桥便是坐落在邯郸市区的北关街，沁河公园西段的一座拱券形石桥，其原本为木质结构的桥，后于明万历年间改建。整座桥长 32 米，高 8 米，桥下共有 3 个大的桥孔，两侧还各附有 4 个小孔，整座桥虽然规模不大，但是设计精巧，结构坚固，美观大方，桥身上还雕刻有精致生动的各种动物和丰富多彩的历史人物故事，是典型的民族桥梁建筑艺术的杰作。在古桥旁还矗立着一组石雕，一个小伙子跟在一对步伐优美的足迹后爬行，将“邯郸学步”这一著名成语的故事进行了生动形象的展示。

漫步在邯郸古城的大街小巷，处处都可感受到 3000 年古老文明在这里遗留下的浓厚韵味，文化遗产丰厚悠久，赵王城、铜雀台、南响堂石窟等延续着历史的传承。成语典故在城中随处可见，回车巷、毛遂墓、黄粱梦、吕仙祠等，诉说着古城文明的博大精深。

旅游小贴士

地理位置：河北省邯郸市

最佳时节：四季皆宜

旅游景点：灵武丛台、娲皇宫、赵王城、铜雀台、南响堂石窟

特色风味：邯郸扣碗、涉县羊汤、魏县大锅菜、二毛烧鸡、驴灌肠

大同 九边重镇

大同，这座位于山西省北部大同盆地中心、黄土高原东北边缘的古城，有着“三代京华，两朝重镇”“北方锁钥”的美誉，曾经先后是北魏首都、辽金陪都、元明清时期的边防重镇。作为五朝古都，悠久的历史为这片土地遗留下瑰丽的艺术珍宝、灿烂的文化遗产，直到今日这片土地依旧璀璨夺目，令世人瞩目。

作为国家首批的历史文化名城之一，大同文化内涵深厚，名胜古迹众多，云冈石窟、恒山、悬空寺、华严寺等景点熠熠生辉，诉说着久远的历史故事。云冈石窟位于大同市西郊的武周山南麓，石窟依山开凿于北魏文帝初年，耗时 60 多年才建成，东西绵延

云冈石窟。

⊙ 云冈石窟内的佛像雕刻精细，技艺精湛，栩栩如生。

⊙ 位于悬崖峭壁上的悬空寺被誉为世界一绝，是恒山独特的景观。

⊙ 恢宏大气、古朴庄严的华严寺。

1 千米，是我国现存规模最大的石窟之一，与敦煌莫高窟、洛阳龙门石窟和天水麦积山石窟并称为中国四大石窟艺术宝库。石窟不规则地分布于半山腰上，洞窟内雕刻的佛像大小不一，惟妙惟肖，令人啧啧称奇。走进云冈石窟，各个佛像生动传神，仿佛端坐在佛殿之内，接受众人的拜谒。石窟历经岁月的洗礼，艺术魅力并没有消失，反而因时光的雕琢更加韵味独特。

巍峨雄壮的北岳恒山，自古以来就以重要的地理位置和险峻诡谲的山势被誉为“塞北第一山”，留下了无数文人墨客的歌颂赞叹。因它是边塞地区通往中原的咽喉所在，故而成为古代兵家必争之地。恒山是山脉的主峰，汇聚了山脉景色的精华，有着著名的“恒山十八景”，其中有着“绝塞名山”之称的天峰岭和翠屏峰相峙而望，峰岩叠嶂，草木杂生，美若画卷。

来到恒山，有一个地方你不能不去，那就是恒山十八景中的第一景——悬空寺。它素以险峻的选址、巧妙奇特的结构建筑闻名，是恒山上一处绝妙的景观。悬空寺凌空悬挂于翠屏峰的悬崖绝壁上，下临深渊，十分险峻，于是就有了“悬空寺，半天高，三根马尾空中吊”的说法。寺庙建造于北魏后期，是融合了佛教、道教和儒家文化的一座寺庙，这在我国是极为罕见的。寺内有 40 多间殿阁楼宇，整体上呈现“一院两楼”的布局。南北方向的悬崖峭壁上各有一座高楼隔空相望，并由长约 10 米的长线桥相连接，桥上还建造有楼和殿，一起组成了一处奇幻美妙的景观。

根据《华严经》中的“慈悲之华，必结庄严之果”而命名的华严寺，始建于辽重熙七年（1038 年）。寺院规模宏大、布局严谨、庄严肃穆，是我国保存完整的一处辽金寺庙建筑群。寺内现有辽代的薄伽教藏殿和金代的大雄宝殿，殿内彩塑众多，堪称稀世珍品。

自然神功、三教圣地、名人掌故、风土民俗……处处皆景，天趣盎然。大同，不仅是一座古城，也是一个古代艺术的宝库。

旅游小贴士

地理位置： 山西省大同市

最佳时节： 4 ~ 10 月

旅游景点： 云冈石窟、恒山、悬空寺、华严寺等

特色风味： 大同刀削面、羊杂、油炸糕、大同铜火锅、凤临阁烧麦、莜面、浑源凉粉

平遥 华夏第一古城

平遥，这座位于我国山西省黄土高原上的古县城以其磅礴的气势而名闻天下，是我国保存完好的明清古县城。拥有2700多年历史的平遥，历史文化底蕴深厚，至今保存的300多处名胜古迹诉说着昔日的辉煌。这里有被誉为“东方彩塑艺术宝库”的双林寺、我国现存最早的木质结构建筑万佛殿，还有“中国现代银行的鼻祖”日升昌票号……无不彰显着平遥的古韵古色。

平遥在我国有着特殊的地位，它不仅是国家级的历史名城，还是世界文化遗产，也是目前我国唯一 一座以整个古城作为世

中国现代银行鼻祖——日升昌票号。

旅游小贴士

地理位置：山西省晋中市平遥县

最佳时节：四季皆宜

旅游景点：平遥古城墙、日升昌票号、明清一条街、双林寺

特色风味：平遥牛肉、碗脱子、长山药、案案糕、莜面卷

界文化遗产的名胜古迹。放眼望去，巍巍厚重的古城墙、充满韵味的特色院落、古朴沧桑的街巷，还有那散发着浓浓味道的美食小吃，都在展示着平遥 2000 多年历史的古色古韵。平遥古城与云南丽江古城、四川阆中古城、安徽歙县古城并称为中国现存最为完好的“四大古城”。

古老的城墙，浑朴，伟岸，俨然人之君子，傲然挺立。行走在厚重的城墙上，感知脚下的青砖所传递出的历史的凝重；轻触略带沧桑的城墙，仿佛抚摸到了旧时风雨来袭留下的痕迹。在这里曾经号角连绵、刀剑相撞，在这里也有车来人往、商贾云集，还有书声琅琅、儿童嬉戏。一代又一代的朝代更替，世事变幻，不变的是这固若金汤的古老城墙，历经 600 多年的风雨岿然不动，雄风依然。

步入平遥，古城的面貌展现在眼前，青砖灰瓦、棱角飞檐，红艳的灯笼，恍惚间似自己身着长衫马褂，披几缕暖暖的斜阳，游走在狭窄的巷弄里。平遥的民居建筑以明清时期的居多，且大多保存完好，使其有着“小北京”的美誉。平遥真正发展起来是在明清时期，当时这里商贾云集、贸易繁盛，人们的生活富足，因此在居住上也就颇有讲究。一般是四合院式的院落，要是家庭富裕，还会在门墙立两对威武的石狮保家护院、以壮声威。建筑上的雕饰也非常细腻雅致，虽没有江南园林的清新自然，却有着北方建筑的恢宏大气，体现着当地的民俗特色。

厚重沧桑的古城墙是平遥最真实的记忆。

繁华的平遥街景。

平遥古城的西大街是最为繁华的地段，因著名“中国第一家票号”日升昌坐落于此而有着“大清金融第一街”的美誉。匾额上“汇通天下”这 4 个大字虽经风雨洗礼显得黯淡无光，但“日升昌”这块金字招牌却不会因时间的流逝而蒙尘。当年那个名闻天下的日升昌，如今已经改为中国票号博物馆，在这里我们可以看到我国民族银行业的发展轨迹，并了解日升昌在当时环境动荡、内忧外患的风雨飘摇中纵横百年的辉煌历史。

明清一条街也即是南大街，是平遥古城的中轴线，在这条街道上保存着许多明清时期的建筑。站在这条 400 多米长的古色古香的街上，老式的商铺一 一从眼前掠过，票号、当铺、杂货铺等所在皆是，几乎所有的商品都能在这里找到。

从平遥古城到双林寺只有半个小时的路程，这里现存的庙宇都是明清时期的建筑，里面现存的彩绘雕塑有 2000 多尊，被誉为“世界珍宝”“独一无二的珍宝”。双林寺的壁画同样令人叹为观止。例如释迦殿四壁上的精美绝伦的雕塑，采用多种雕刻技法，圆雕、深浮雕和浅浮雕等交错使用，再现了当时世俗生活的盛况，构思巧妙，形象生动，犹如一座精美的艺术馆，代表着当时高超的雕琢技艺，被联合国人类居住中心专家称为“东方彩塑艺术宝库”。

古朴厚重的平遥就像一部记录历史变迁的古书，在这狭窄的字里行间里隐藏着太多的风雨和烟云，那潮流涌动的水波上却是风平浪静，让人不觉处在滚滚的浪潮中；它从遥远的历史中走来，不再神秘，不再遥远，带着悠悠古韵，让人们很轻易地迷失在那厚重的城墙背后的前朝往事中。

双林寺是全国重点文物保护单位，是汉族地区佛教全国重点寺院之一。双林寺原名中都寺，其地本为中都故城所在，因之得名。

山海关 天下第一关

泱泱中华，国土辽阔，保卫社稷、保护民生的重责便落在了边陲雄关之上。自古以来，在华夏的磅礴大地上便分布着众多漫漫雄关，其中，尤以山海关最为出众，号称“天下第一关”，其他莫敢与之争雄，为扼东北、华北之咽喉的军事重镇。

山海关钟鼓楼是山海关标志性建筑，也是一种防御建筑。

相比其他关隘，山海关的建造年代并不久远，但却极负盛名。山海关古称榆关，又称渝关、临闾关，位于河北省秦皇岛市东北，地处要隘，北临险峻燕山，南濒汹涌渤海，是华北通往东北的要冲。山海关修筑于明洪武十四年（1381 年），是由中山王徐达在此修建的。山海关是明长城最东端的起点，是华夏东北地区最重要的关隘之一，与最西端的嘉峪关遥相对望，共同守护着华夏大地。山海关这座汇聚了万里长城之精华的“天下第一关”，以气吞山河的气势将山川、大海与之相连，和长城成为不可分割的一体，是“边郡之咽喉，京师之保障”。

山海关与长城相连接构成一整套完整的长城防御体系，在历史上堪称军事建筑的绝唱。山海关城的建筑设计因地制宜，将四方形的城池与长城相连接，并以此为关，可谓匠心独运。外部以青砖包砌的城墙四周封闭，共有城门 4 座，东称“镇东门”，西为“迎恩门”，南叫“望洋门”，北是“威远门”，其中保存最完整的东门因城楼悬挂“天下第一关”的匾额而被称为天下第一关。

东门的城楼——镇远楼即箭楼，是山海关最著名的景观。箭楼耸立于长城之上，分为上下两层，雄壮威严。登上城楼，雄视四野，眼前是烟波浩渺的大海，身后是绵延不绝的万里长城，令人心潮澎湃。此外，在天下第一关城楼的四周还有靖边楼、牧营楼和临闾楼等建筑共同构成山海关威武雄壮的防御体系。

作为万里长城的东端起点，在山海关身后的西北方向，角山长城依山就势，伏卧在绵延的山脉上。在此成立的角山景区就位于山脉的最高峰，山顶平阔，可坐百人，还有嶙峋巨石形似头顶长角的巨兽，故名角山。角山是万里长城东端第一山，也因此被人们称为“万里长城第一山”。

登上那浸满着古人汗水与智慧、蕴含着沧桑气息的长城，极目远眺，在这辽阔的天地间，苍茫的云海中，依稀能感受到古老战场上奔腾的战马在嘶吼咆哮，沾满敌人鲜血的刀剑在不断地挥舞，一波又一波的战士倒下，那惊天动地、气吞山河的悲壮与残酷扑面而来，令人心潮澎湃，久久不能平静。

时易世变，在海晏河清、烽烟不起的现代，山海关卸下了保家卫国的重担，抹去了一身的肃杀，那斑斑的伤痕成为永久的记忆。今日的它，因为那旖旎的风光、璀璨的名胜古迹，摇身一变成为历史古迹的名城和旅游避暑的胜地。

旅游小贴士

地理位置： 河北省秦皇岛市山海关区

最佳时节： 5 ~ 10 月

旅游景点： 箭楼、角山等

特色风味： 饽椤饼、福顺祥花生糕、回记糕点、四条包子、清河浑锅子

华北地区古城

被称为“万里长城第一山”的角山。

箭楼虽是军事设施，依然注重装饰，其檐角吉兽栩栩如生。

太原 九朝古都

圣母殿是晋祠最为著名的建筑。

太原古称晋阳，坐落在山西省中北部的太原平原上，三面环山，汾河穿城而过，自古便是“控带山河，踞天下之肩背”“襟四塞之要冲，控五原之都邑”的北方重镇。太原这座历史古都，有着 4700 多年文明史，2500 多年建城史，历史上先后有九朝在此定都，是西汉文帝的潜龙之所，大唐王朝的龙兴之地。悠久的历史在这座古城中留下了众多古老的遗迹和璀璨的文化，所以太原又被誉为“锦绣太原城”。

自夏商周起，在悠悠岁月、沧桑历史中一座座古建筑在太原城内崛起，至今依旧承载着历史的记忆，晋祠便是其中一颗耀眼的明珠。在太原的西南处有一山名为悬瓮，因山上原有巨石如瓮倒悬，故得名悬瓮山。山脚下有泉水涌出，汇聚成晋水。而在这山水之畔，古木参天中，晋祠傲然伫立。古人云：“三晋之胜，以晋阳为最，而晋阳之胜，全在晋祠。”晋祠，是为纪念周武王次子姬虞于北魏年间修建，后历经北齐、隋唐、宋元、明清千百年的历史，不断修缮和扩建逐渐成为现在的规模。晋祠之美在山水、在松柏、在楼阁、在古韵。晋祠风景秀美怡人，环境清幽雅致，森森古柏随处可见，繁花碧草遍地皆是，还有那含有浓郁古韵的建筑群、精湛的塑像艺术更是令它显达于天下，悠久璀璨的历史文化和优美秀丽的自然风光浑若一体，晋祠不负其美。这座集我国古代祭祀、建筑、园林、雕塑等艺术于一体的园林是我国珍贵的历史文化遗产。

永祚寺初名永明寺，始建于明万历二十七年（1599年），后经不断扩建与完善终成一座规模完整的寺院。依山而建的庙宇坐南朝北，自山门进入后，分别为陈列院、牡丹院和礼佛院三进院落，既可观赏佛家建筑风貌、了解寺院发展历程、浏览室内陈列珍品，也可欣赏牡丹花开的国色天香。塔院坐落在礼佛院的东侧，双塔和其他建筑均沿东南西北走向的中轴线分布，双塔不仅是塔院也是整个寺院内最引人瞩目的景观，有“双塔凌霄”“文峰双塔”之美誉。已有400多年历史的双塔巍然屹立、直插云霄，是这座古城的标志性建筑。

除此以外，在太原西南方龙山山顶还坐落着我国规模最大的道教石窟群，开凿于元代太宗六年（1234年），石窟造像古朴敦厚，生活气息浓厚，是研究道教文化的重要史料。始建于春秋周敬王二十三年（公元前497年）的晋阳古城，开凿于北齐天宝年间、坐落在晋源区寺底村西北的蒙山大佛以及我国十大石窟之一的天龙山石窟，都是这座古城不朽历史的见证。

旅游小贴士

地理位置：山西省太原市

最佳时节：春、秋季

旅游景点：晋祠、永祚寺、凌霄双塔、龙山石窟、蒙山大佛、天龙山石窟

特色风味：羊杂割、过油肉、五寨烩菜、杨记灌肠、六味斋酱肉、清和元头脑、鱼羊包

宏伟壮观、端庄肃穆的永祚寺。

端庄肃穆的蒙山大佛。

代县 三关重镇

代县古为代国，位于山西省的东北部，全县面呈长方形，由东北向西南方向倾斜，南五台山与北恒山相对峙，雁门关身处其间，地势险要，是北方的军事重镇、交通要冲。从古至今，无数英豪名将在此书写历史，坚守边关的李牧、痛击胡虏的冠军侯、忠君爱国的杨家将……无数的文人墨客为其风姿所折，留下了一篇篇流传千古的诗篇。

雁塔位于雁门山的最高处，是雁门关的标志之一。

“天下九塞，雁门为首”，在众多雄关险隘中雁门关可谓名闻天下。以“险”著称的雁门关是长城上最重要的关隘，素有“三晋咽喉，中原锁钥”的称号，雄踞于代县县城以北的莽莽雁山之中。雁门关的建造历史悠久，现在我们所说的雁门关单指明代万历年间重建的雁门山口关城和门楼。明洪武七年（1374 年）吉安侯陆享放弃原来位于铁裹门的旧关，在东北 5000 米处的山涧要道修建新关，关隘傍山就险，更显扼要。之后的几十年间不断增修、复修，至万历三十三年（1605 年）遂成现在所看到的规模。整个关城依山而建，犹如猛虎雄踞雁门山脊之上，山高谷深，地势险要，狭长的道路蜿蜒不绝。雁门关与宁武关、偏头关共同构成了内长城之“外三关”，连绵的山峰与长城连为一体，将塞北高原与华夏大地分割开来，控制着南北交通的要道。在千百年的历史中，作为中原北塞门户的雁门关见证过无数次大大小小的战事，成为影响中华民族历史进程的重要地点之一。

雁门关是长城上最重要的关隘。

常言道“得雁门而得天下，失雁门而失中原”，雁门关仿佛天生就是为了战争而存在，多少将士挥洒热血浇铸这座独具禀赋和蕴涵的城关。在这斑驳的城关下传说着一个个将军挥斥方遒、斩将杀敌的故事，其中大家最熟悉的便是戍守边关、保家卫国的满门忠烈杨家将。杨家父子兵从五代的北汉时期就驻守在雁门关这片土地上，为抵御外族的入侵而战争，坚定地守护着华夏民族，谱写了一曲千秋忠义之歌。在山西省代县境内的鹿蹄涧村内有一座建于元代的祠堂——杨忠武祠，主要用来祭祀杨业夫妇以及杨氏后代的英烈，杨业第七子杨延兴的陵墓也位于此地，即杨七郎墓。祠堂内关于杨家的史料众多，雕塑和画像也是栩栩如生，将杨氏满门“奕世将略”“一堂忠烈”的传奇展示得生动逼真。

手持长枪、坚定伫立的杨六郎石雕。

在代县这片钟灵毓秀之地，从不缺流传千古的动人传说，也不乏名动天下的古迹胜地。在代县城内的东北方向，矗立着一座与边靖楼遥相对应的名塔——阿育王塔，它是我国 19 座舍利塔之一。阿育王塔位于原来的圆果寺内，所以又称圆果寺塔，寺庙早已不复存在，而古塔千年来依旧如昔，静静伫立。圆锥形的阿育王塔创建于隋仁寿元年（601 年），唐宋二朝几经焚毁和重建，现今所见为元代遗迹，塔身四周雕刻有陀罗尼经以及各种花饰，十分精美，是我国藏式塔中的杰作。

代县因地理位置独特，胡汉之风相融合，古今文化相交汇，形成了自己独特的地域文化特色。这里还是著名的“中国民间绘画画乡”和“中国民间文化艺术之乡”，丰富多彩的剪纸艺术大放异彩，各式各样的民俗文化如龙灯、刺绣、面塑、雕刻等别具风格，还有令人垂涎的各种美食，让人目不暇接。

旅游小贴士

地理位置：山西省忻州市代县

最佳时节：夏季

旅游景点：雁门关、杨忠武祠、阿育王塔等

特色风味：代县烫面饺、高粱面鱼鱼、代县熬鱼、代县火烧

祁县 晋商故里

祁县古称“昭馀”，地处晋中盆地的中部，西濒汾河，南依太岳，水美土肥，物产丰富，被誉为“金祁县”。作为历史文化名城的祁县是晚清时期全国的金融中心之一，晋商文化的发祥地，这里处处散落着辉煌灿烂的晋商文化所遗留下来的古迹。

对于祁县大家并不太熟悉，但是提起乔家大院，可以说是无人不知。乔家大院又名“在中堂”，位于山西省祁县乔家堡村，是清末著名晋商乔致庸的府邸。宅院始建于清乾隆年间，在之后的几十年里经历多次的扩建和修缮，最终成为一座由 300 多间房屋组成的面积庞大的建筑群落，如今是国家级文物保护单位。乔家大院闻名遐迩，坊间甚至流传有“皇家有故宫，民宅看乔家”的说法，可见其规模之盛、建造之精。作为一座城堡式的民居建筑，乔家大院有着科学合理的布局和规划。“喜”字形的布局说明在建造时乔家人对其充满美好的寄托。整个建筑威严气派，古

乔家大院看似古朴，在细节上透露着奢华，雕刻精美华丽的装饰如今依然熠熠生辉。

朴庄严之中蕴藏着细腻精湛的雕刻装饰，有着藏富于拙的意味。在乔家大院，砖雕、木雕、石雕随处可见，飞檐斗拱，工艺精湛，具有很高的研究价值和美学价值，因此乔家大院被许多专家学者誉为“清代北方民居建筑的一颗明珠”。

与乔家大院并称为民居代表“双璧”的渠家大院，位于晋商老街的东端，是明清时期名扬天下的晋中巨商之一的渠氏家族的院落，现为晋商文化博物馆。渠家大院始建于清乾隆年间，建筑面积达 23628 平方米，有 10 多个大院、千余间房屋，被称为“渠半城”，可见其规模之庞大，渠氏家族之繁盛。整个大院是典型的汉族民居建筑，宏伟庄严的森森庭院处处散发出汉民族文化的神韵和气质。外形似城堡的大院内，鳞次栉比的悬山顶、歇山顶、硬山顶、卷棚顶及平面顶体现着精湛的汉民族民俗建筑技艺；那数量众多的院落与花园让人都记不清名字，院与园相扣、相依的精心设计让人叹为观止；那高高耸立的牌坊设计精巧，雕刻精细，装饰精美，皆为不可多得的艺术品，都是当之无愧的汉民族文化瑰宝。

汉族民居建筑的典型代表——渠家大院。

刻满了岁月痕迹的古城墙。

祁县古城始建于北魏孝义帝太和年间（477 年），至今已有 1500 多年的历史。祁县古城还被称为“纱帽城”，因东西长 850 米、南北宽 700 米的城池形似古代官吏头上所戴的纱帽而得名。古城内建筑布局规整，设计严谨合理，被建筑专家称为“一城四街二十八巷四十八街”，是研究古代城市的建筑规划的珍贵史料。站在古色古香的城内，繁华依旧的古街巷、错落有致的古店铺、古朴端庄的古民宅、幽静肃穆的古寺庙浑然一体，仿佛穿越时空，来到了几百年前的祁县城中，一睹明清时期晋商文化的发展与兴盛，见证晋商文化辉煌的历史。

古老悠久的历史造就了祁县浑厚璀璨的文化，名扬海内外的晋商文化更是在这片土地上生根发芽，不断茁壮成长。以祁县为代表的晋商文化直到今日依旧是我们学习的榜样，有着儒商精神的他们，将“诚信”二字当作首要的信仰，这成就了他们，也启发着今日的我们要将之传承下去。

旅游小贴士

地理位置：山西省晋中市祁县

最佳时节：春、夏、秋季

旅游景点：乔家大院、渠家大院、祁县古城等

特色风味：碗托儿、刀削面、豆腐脑、油糕、珍珠粥、剔尖

呼和浩特 塞外明珠

呼和浩特是蒙古语，意为“青色的城市”，位于内蒙古中部大青山的南侧，是华夏文明的发祥地之一，游牧文化与农耕文明在这里碰撞融合。驰骋的骏马、遍地的牛羊、一碧千里的绿地再加上低沉悠扬的马头琴，浓郁的塞外风情在这里尽情流露；昭君出塞的千古佳话、胡服骑射的发源流传、鲜卑拓跋的崛起兴盛、旅蒙商家的互市交易，悠久灿烂的历史文化在这里大放异彩。

“昭君出塞”的故事可以说是家喻户晓，西汉时期被郅支单于打败的匈奴呼韩邪单于南迁至长城外，为同西汉结好就向朝廷请求和亲，身为宫女的昭君听闻后自愿请求去和亲，她为匈奴带来了和平与兴旺，为促进匈奴与西汉朝廷的友好相处做出重大贡献，她的行为至今仍被世人传颂。今日的呼和浩特便是昔日昭君出塞的目的地，昭君墓便位于呼和浩特市南郊大黑河的南岸，始建于西汉时期，至今已有 2000 多年的历史。形如覆斗的昭君墓是我国最大的汉墓之一，高 33 米，占地约 13000 平方米，规模宏大，雄伟壮观。据民间传说，每年深秋，塞外草地皆是一片枯黄，唯有昭君墓上绿草青青，故又称为“青冢”，“青冢拥黛”也成为呼和浩特的八景之一。

大召寺又称大召无量寺，“大召”为蒙语，是“大庙”的意思，其原名为弘慈寺。经过清朝的重修以后，便有了“大召无量寺”一名，并一直沿用至今，然而除此之外，它还有一个名字叫“银佛寺”，源于寺中的银佛释迦牟尼像，佛像已有400多年的历史，是我国现存最大的银佛之一。初到呼和浩特，就听说大召寺的名声不小，当地人常说“七大召、八大召、七十二个绵绵召”，可见呼和浩特的召庙之多，但是在明清召庙里独占鳌头的就数大召寺了。大召寺地处呼和浩特玉泉南面，建成于明朝万历八年（1580年）。寺院朝南，楼宇殿阁布置有序，错落有致，牌楼、山门、天王殿、菩提过殿、大雄宝殿、藏经楼、东西配殿、厢房等构成主体建筑，呈现“伽蓝七堂式”布局。作为呼和浩特最古老的喇嘛教寺院，大召寺却不设活佛转世制度，据说是因为康熙皇帝来过这座寺庙，僧侣为表示对于皇帝的敬仰，因此取消了这一制度。

在土默特左旗西南侧的青山、农田、牧场的环绕中，哈素海犹如一颗耀眼夺目的碧色翡翠镶嵌在祖国的北方。哈素海原名哈拉乌素，意为青水湖，它是一处天然湖泊，引自黄河水，有着30万平方千米的辽阔水域。浩渺的湖水透着柔和与秀美，如同水润过的眼眸充满了灵动之美。泛舟湖中，清波碧浪，一圈又一圈的波纹在湖面留下美丽的痕迹。狭窄的苇巷，苇影婆娑，苍翠而又雄浑，映照在碧波万顷的湖水中翠意撩人。碧波之上，飘散着苇与荷的清香，不时有鸟影飞掠，在船上抛洒些食饵，众鸟争食，鸣叫四方，煞是壮观。微风习习，阳光明媚，随着小舟的起伏，可以尽情享受大自然的美妙，领略“塞外西湖”的风采。

呼和浩特的文化别具一格，不同于中原文化的细腻婉转，它既有着汉民族文化的博大精深，也有着游牧民族的粗犷豪迈，两者的完美融合构筑了一个独特而又迷人的呼和浩特。

旅游小贴士

地理位置：内蒙古自治区呼和浩特市

最佳时节：夏、秋季

旅游景点：昭君墓、大昭寺、哈素海等

特色风味：手抓羊肉、奶皮子、莜面、奶豆腐、羊杂碎、马奶酒

大召寺是内蒙古呼和浩特玉泉区南部的一座藏传佛教寺院。大召寺辉煌的寺庙建筑、珍贵的文物和艺术品以及神秘的恰木舞蹈和佛教音乐，构成了大召寺独特的“寺庙文化”。

碧水粼粼，苇影婆娑的哈素海，是名副其实的“塞外西湖”。

黑城 漠北古城

⬆ 黑城的外围逐渐被沙漠淹没，成为沙海。

在西北额济纳茫茫沙漠戈壁滩中，酷烈的风沙席卷着尘土在天地间炫舞，只留下黑色砾石伴着粗糙的流沙，毫无生气。苍茫的戈壁，裸露的砾石，寥若晨星的低矮沙生植物，随风飞扬的黄沙，一片沧桑寂寥中，一座神秘而又孤寂千年的古老城池——黑城，独立于这方天地之中。

黑城遗址位于内蒙古额济纳旗达来呼布镇的东南处，是古丝绸之路上规模最庞大、现存最完整的一座古城遗址。黑城始建于西夏政权时期，后因明朝大将冯胜攻破之后被废弃，逐渐被流沙侵蚀掩埋，但这并不能掩盖黑城曾经作为一座辉煌古城的光芒。

在茫茫平缓的戈壁滩上，黑城是周围最高的建筑，在很远的地方便看到立于城墙西北角之上的覆钵式白色佛塔缥缈在簌簌漠风之中，令此地宛如仙境，神秘莫测，那是黑城遗址独特的标志。

黑城蒙古语为哈日浩特，意即“黑城”，这座曾经的军事重地，西汉时军队交战的前沿，古代的交通要道，现在虽已被遗弃成为一座快要被黄沙掩埋的废城，但它辉煌的过去却是无法掩埋的。现存的城墙多为元代扩建而成，呈长方形，还开设有东西两座城门，并以瓮城加护。城内官署、府第、民居和佛寺一应俱全，城外西南角还耸立着一座伊斯兰教的教堂。汉代以前黑城在这一方土地上就有着赫赫威名，后有多个塞外民族，如匈奴、回鹘、西夏、契丹和蒙古等在这片土地上扬鞭策马，南征北战，铸就了它辉煌的历史。

黑城是多种文化的交汇地，现保存的多是代表宗教的建筑。

如今的古城仿佛是一位百龄老人，发苍苍而齿摇摇，虽然历尽沧桑衰老不堪，却也不失积淀百年的风度，仍是一副凛然不可侵犯的样子。作为一座军事要塞，黑城城墙坚固，军事设施齐备，如今残留的古老城墙兀然而立，城门口都有瓮城拱卫，城墙上筑的经纬线依然清晰如昨。只是西城墙与北城墙已被黄沙所掩埋，城中那整齐有序的房屋建筑、连绵起伏的楼宇殿阁和笔直宽阔的街道都已成为不可追忆的过去，只剩下了狼藉一片的残垣断壁，曾经辉煌的城池也经不住时光的冷落。

遗存下来的古城堡充满伊斯兰教的风情。

在黑城零落不堪的遗址中有白色的佛塔孤寂地耸立在那里，千百年来那猎猎西风、漠漠黄沙冲刷侵蚀着党项先民在此留下的最后印记，似乎要抹去那凄美的悲欢离合。这两座残存的佛塔早已伤痕累累，外墙的皮层已片片脱落，如进入迟暮之年的老人。但时间和风沙并不是损坏这些遗迹的唯一破坏者，还有那些外国探险家们大肆无耻的盗取和破坏。这些如同强盗般的行为，使这座古老的城以摧枯拉朽般的速度不断消亡，那些历史遗留的痕迹，也遭到了毁灭性的破坏。

夜幕来临，站在黑城的高处四处遥望，到处的残垣断壁，仿佛刚刚经历了一场浩劫。望着那夕阳下斑驳的建筑，心中不禁想着，或许千年前的这个时候，黑城早已是炊烟袅袅，牛羊入圈了吧。

旅游小贴士

地理位置： 内蒙古额济纳旗达来呼布镇

最佳时节： 夏、秋季

旅游景点： 城墙遗址、佛塔、古城堡、怪树林

特色风味： 凉拌蹄黄蹄、烩羊杂碎、粉汤饺子、黄焖羊羔肉

第三章

华中地区古城

郑州 中原古都

郑州，这座河南的省会城市，坐落在中原腹地、九州之中，北有滚滚黄河，西临巍巍嵩山，东接广阔的黄淮平原，优越的地理位置和得天独厚的自然条件，使它享有“雄风中枢，空域险要”之称。这座文化名城历史悠久璀璨，8000 年前的裴李岗文化、6000 年前的大河村文化均在这里发祥，5000 年前的中华人文始祖轩辕黄帝在这里出生，历史上的夏、商、管、郑、韩都在这片土地上建立都城，并遗留下浩繁的遗迹，所有这些成就了我国八大古都之一的郑州。

在漫漫历史、悠悠岁月中，这片土地上遗留下众多不可磨灭的历史印记，悠久的历史积淀下博大精深的文化。闻名海内外的商城遗址的发现证明郑州的建城时间不晚于公元前 1500 年，使郑州的建城史向前推进了数千年之久；还有包含了仰韶文化、龙山文化和夏商时期文化的大型古代聚落遗址——大河村遗址，其面积之大、历时之长、文化内涵之丰富的确领黄河流域数千处古遗址之先。大河村遗址中出土文物中以彩陶居多，图案类型丰富多彩、绘画手法高超娴熟、器物类型种类繁多，对史前彩陶文化的研究贡献极大；还有“郑州最后的四合院”郭家大院以及明清古建筑文庙、城隍庙等，这些散落于中原大地上的颗颗明珠在历史的长河中散发着璀璨耀眼的光芒。

郑州文庙位于东大街东段，是一处颇有规模的古建筑群，始建于东汉明帝永平年间，由前、中、后三院组成，后来因两次大火而遭到巨大破坏，大小建筑几乎毁废殆尽。之后虽又几经修复，但规模已远不如前，现仅存大成殿和戟门两座古建筑及几间小厢房了。大成殿坐北朝南，是歇山式建筑，其殿顶构造极其复杂，雕刻工艺也极高超，古建筑艺术爱好者可以细致地观察揣摩一番。殿脊上塑有鸱吻、麒麟、大象等瑞兽作为装饰，造型优美，格外生动传神，与大殿顶面的碧玉琉璃瓦交相辉映，令人眼花缭乱。殿檐下的雀替、斗拱也不容忽视，结构复杂，彩绘繁缛，完美地展示了古代匠人高超的工艺水平。

旅游小贴士

地理位置：河南省郑州市

最佳时节：秋季

旅游景点：商城遗址、大河村遗址、小双桥遗址、郭家大院、郑州文庙、郑州城隍庙、孔氏家庙

特色风味：鲤鱼焙面、桶子鸡、套四宝、羊肉烩面、煎饼

郑州文庙大成殿。

郑州城隍庙供奉的是舍身为主的汉将纪信。

几乎每个古城都有一座城隍庙，郑州也不例外。郑州城隍庙原名城隍灵佑侯庙，位于商城路东段，是目前河南保存最完整、规模最大的古建筑群。关于为何庙内供奉的是汉将纪信，有一个动人的典故。公元前 204 年，刘邦被项羽围困于荥阳，万分危急之时是纪信主动请缨代刘邦受死而挽救了大汉国祚。当地人感念纪信之忠勇，故而供奉之。城隍庙坐北朝南，是悬山式建筑，以精致古典、结构坚实而著称，主体建筑有山门、前殿、乐楼、大殿、寝宫等，均以绿色琉璃瓦覆顶，沿中轴线排列，层次分明、结构紧凑。每年的农历三月十八日，城隍庙里都会举办庙会活动，这可是一个欣赏中原特色的民间工艺品、品尝中原风味小吃的大好机会，你可千万不要错过啊。

二七纪念塔位于郑州市二七广场上，全称为二七大罢工纪念塔，是为纪念 1923 年 2 月 7 日京汉铁路工人大罢工而建的，已成为郑州的地标性建筑。该塔是较为少见的仿古联体双塔，全高 63 米，共 14 层（取“二七”之意），碧瓦覆顶，挑角飞檐，塔顶还建有钟楼，每逢整点便会有悠扬的乐曲声报时。

郑州还有众多历史底蕴深厚、地域特色浓厚的节日活动，如：农历三月初三的黄帝故里拜祖大典、5 月份的月季花会、9 月初的中国郑州国际少林武术节等，让你尽情领略郑州的风采。

傲然挺立在郑州市中心的二七纪念塔。

南阳 南都明珠

南阳古称宛，位于河南省西南部、豫鄂陕三省的交界处，苍茫伏牛山、泱泱汉江水赋予了这片土地雄浑的气势、灵动的气息。这座有着 3000 年建城史的古城自古就是中原大地上一颗耀眼的明珠，辉煌灿烂的楚汉文化在这里发源，这里还是古丝绸之路的源头之一以及西汉时期全国的六大都会之一。又因东汉光武帝在这里发迹，故它又被称为“南都”“帝乡”。

伏牛山千里秀色赋予南阳古城几许灵秀之气。

正所谓“北有故宫，南有县衙”，此处的县衙就是指位于南阳市内乡县东大街的内乡县衙，始建于元大德八年（1304 年），占地面积约 8500 平方米，规模宏大，经过明清两代多次的修缮与扩建才呈现今日的面貌。这座保存完整的官衙式建筑群被誉为“神州大地绝无仅有的历史标本”。其主体建筑多为清代建筑，按照“坐北朝南、左文右武、前朝后寝、狱房居南”的传统格局

旅游小贴士

地理位置：河南省南阳市

最佳时节：春、秋季

旅游景点：内乡县衙、武侯祠、丹江口水库、张衡墓、香严寺

特色风味：牛肉汤、烩锅面、扯面、镇平烧鸡、唐河肘子、白土岗辣子鸡

国内第一座衙门博物馆——南阳内乡县衙。

修建。衙内的 280 多间房舍厅堂，错落有致，紧凑合理，主次分明，将清代地方衙署的规制进行了完美地展示，作为国内第一座衙门博物馆，号称“一座古县衙，半部官文化”。县衙内还保存有众多实物标本和珍贵文物，是研究封建社会县衙制的重要史料。

对于三国时期刘备“三顾茅庐”的故事，想必大家都不陌生，刘备求贤若渴，3 次来到诸葛亮隐居躬耕之地请求其出山相助，共谋大业，昭烈帝刘备三顾之地便是南阳。南阳武侯祠又名诸葛亮庵，位于南阳市卧龙区卧龙岗，是为纪念诸葛亮而建，始建于魏晋时期，已有 1800 多年的历史。坐西向东的武侯祠规模宏大，走进祠内，古柏森森、修竹参天、花草繁茂、流水潺潺，一派肃穆。建筑按照由东向西的顺序分布在景区的中轴线上，古朴厚重、疏密相间，其间还点缀着亭、台、桥、榭，将自然景观与人文景观完美结合，共同组成了一幅绝美的画卷，令人心驰神往。祠内留存有众多碑刻，它们不仅是书法艺术的珍宝，也是雕刻技艺的展示，为武侯祠的一大特色。

这里还有碧波万顷、壮丽秀美的丹江口水库，有着世界第九大奇迹之称的西峡恐龙遗迹园，宁静悠远、古朴沧桑的赊店古镇，苍柏环绕、庄严肃穆的张衡墓，还有历史悠久、禅意浓厚的香严寺等。这些绚丽多姿的景观，都等待着我们去仔细探寻、静静欣赏。

卧龙潭位于武侯祠景区内，柳丝轻摆、碧波荡漾，秀丽宜人。

开封 七朝都会

开封古称东京、汴京，地处黄河中下游平原东部、河南省的中东部，周围环绕着郑州、商丘、许昌、新乡等城市，是中原经济区的核心城市之一。开封有着 2700 多年的悠久历史，是我国八大古都之一，先后有魏、后梁、后晋、后汉、后周、北宋、金 7 个王朝定都于此，有着“琪树明霞五凤楼，夷门自古帝王州”“汴京富丽天下无”等美誉。历经千年梦华，这座城市一如往昔，沧桑厚重而又古老繁华，看不完的盛世篇章，赏不完的古迹佳景，数不尽的风流名士，令人心驰神往。

昔日张择端的一幅《清明上河图》将繁华的汴京尽收于 5 米多长的画卷之中，从各式各样的人物，城楼、房屋、桥梁、车轿、船只，到牛、马、骡等各种牲畜，自然风光与繁华街景各有

开封的菊花种植历史可以追溯到 1600 多年前的南北朝，有着“菊花之乡”的美誉，如今每年金秋 10 月便会举行菊花展。

旅游小贴士

地理位置：河南省开封市

最佳时节：秋季

旅游景点：清明上河园、大相国寺、包公祠、铁塔、龙亭公园、开封府

特色风味：灌汤包子、桶子鸡、开封套四宝、五香兔肉、白扒豆腐、卤煮黄香管

特色，交相辉映。今日的清明上河园就是据《清明上河图》而建造的，坐落在龙亭湖的西岸，占地40多万平方米，园内亭台楼阁、拱桥湖泊、繁花绿树、古舫小舟、店铺码头无一不备，再现了千年古都的繁华盛世。尤其是每天园内举行的各种表演节目和夜晚的《大宋·东京梦华》大型剧目，将带你穿越千年梦回东京，体验一番繁华汴京的无限魅力。

大相国寺位于开封市中心，始建于北齐天保六年（555年），是我国著名的千年佛教寺院，也是汉传佛教十大名寺之一。人们总说“深山藏古寺”，寺院一般都会隐藏于深山老林中，而大相国寺却反其道而行之，一直坐落在闹市中心最繁华的地段。特别是在北宋时期，由于开封是都城，国家的权力中心，相国寺因此盛极一时，成为北宋京都汴京规模最大的佛教寺庙。当时的宋太祖、宋太宗都对相国寺进行了大规模的扩建，殿堂绚丽，金碧辉映，成为皇帝观赏、巡幸、祈祷、恭谢的重要场所，有皇家寺庙之称。当时整个大相国寺占地33万多平方米，有64座禅律院，名僧众多，慕名而来的文人墨客也数不胜数，每逢佳节寺庙中举办活动时，会有成千上万的信众来这里敬香祭拜。大雄宝殿是大相国寺的主殿，清代顺治年间修建，气势雄伟，端庄肃穆，被誉为“中原第一殿”；千手千眼佛位于大相国寺的八角琉璃殿，清乾隆年间以银杏树雕制而成，是镇寺之宝，至今依旧保存完好。

坐落在市中心的大相国寺，是汉传佛教十大名寺之一。

坐落在开封市中山路北端的龙亭公园规模宏大、景色宜人。

坐落在中山路北端的龙亭公园，建筑面积宏伟，景色秀丽壮美，登上 72 级台阶之上的龙亭大殿，极目远眺，天波府、翰园以及整个古城的风貌尽收眼底。铁塔位于开封市东北方的铁塔公园内，始建于北宋皇佑元年（1049 年），因塔身通体皆用褐色琉璃砖包裹，远远望去浑若铁铸，故名“铁塔”。铁塔高 55.88 米，千年来任凭风吹雨打，却始终挺拔如昔，素有“天下第一塔”之称。包公祠位于开封市的西南方，坐落在包公湖畔，是为纪念宋代著名的清官包拯而建。据史书记载，包公祠始建于金元时期，至今已有千年历史，是一处缅怀古代清官典范的最佳选择。

美食永远都是古城不可缺少的记忆，在开封更是如此。来到开封，各色各样的美食小吃应有尽有，就像灌汤包子、桶子鸡、开封套四宝、五香兔肉、江米切糕等数得上名或数不上名的美味，勾引着你的味蕾，那诱人的香味充斥着古城的大街小巷。还有清汤东坡肉、白扒豆腐、卤煮黄香管、炸八块、鲤鱼焙面等，都是这里最传统的名菜，带你享受一场饕餮盛宴。

漫步在古城，游走于唐宋坊间、元明巷中、清朝街衢，古文明的美丽就这样在不经意间绽放在你的眼前，盛开于你的心间。

雄伟壮观、古朴典雅的鼓楼。

安阳 中华第一都

安阳简称殷、邺，位于河南省的最北端、豫晋冀三省的交界处，西靠巍巍太行，东望华北平原。作为我国华夏文明的发源地之一，在这里发掘出了华夏文明最早使用的文字——甲骨文，发现了世界上最大的青铜器——司母戊大方鼎，这里又是神秘古老的周易文化的发源地。历史上曾先后有殷商、曹魏、后赵、冉魏、前燕、东魏、北齐 7 个王朝在这片土地上建立都城，故安阳素有“七朝古都”之称。

国之中宝——司母戊大方鼎。

“一片甲骨惊世界”。1899 年，那一片片斑驳的龟甲打开了安阳殷墟沉睡千年的大门，带给世人重新定义中国历史的有利证据，也开启了中国历史的新篇章。殷墟位于河南省安阳市殷都区小屯村周围，公元前 14 世纪商王盘庚迁都到了殷墟，并在此建立了我国历史上第一座稳定的国都，直到殷商亡国。殷墟占地面积约 24 平方千米，北起后营，南至刘家庄，东起郭家湾，西至北辛庄，约 6 千米长，5 千米宽。从殷墟出土的文物数量之多、质量之精美程度，不难看出安阳不仅是当时中国，甚至是整个东方的政治、经济和文化中心。从 1928 年的挖掘开始，在殷墟先后发现了 110 多座商代宫殿宗庙建筑基址、2500 多座祭祀坑和众多的族邑聚落遗址、12 座王陵大墓、家族墓地群、洹北商城遗址、手工业作坊遗址、甲骨窖穴等，出土了数量惊人的甲骨文、青铜器、骨器、玉器、陶器等很珍贵的文物，将 3300 年前我国商朝都城的风貌淋漓尽致地展现在人们的眼前。其中，最令人震撼的是重达 875 千克的司母戊大方鼎，是迄今世界上发现的最大最重的青铜器，为国之重宝。

羑里城又称文王庙，位于安阳市汤阴县城北，是当年殷纣王关押周文王姬昌之地，据历史考证，是我国历史上最早的国家监狱。周文王在这里被囚禁了 7 年之久，在此期间他根据伏羲八卦推演出了六十四卦，也即《易经》，被西方学者誉为“东方神秘主义巨著”。古柏森森的景区内，环境古朴清幽，吐儿冢、文王庙、演易台、八卦阵迷宫等景点，诉说着那古老的传奇故事。南宋岳飞精忠报国、勇抗金兵的故事可谓家喻户晓，在安阳市汤阴县城内，坐落着一座为纪念岳飞而建的岳飞庙，又名精忠庙。庙内现存的多为明代建筑，错落有致，环境清幽雅致，是一处纪念古人的好去处。

古老的安阳有着深厚的文化底蕴，至今保留有众多的传统文化和多彩的民间艺术，如：形似名画却胜似名画的秦氏绢刻艺术，古典明丽、富于变化、立体感强的安绣，浑然天成、精致绝妙的剪叶艺术，古老悠久、种类繁多的安阳风筝，被誉为“中华一绝、巧夺天工”的麦秆画等，向世人展示着这座古城永不凋零的美。

殷墟王陵遗址。

文王庙是世界遗存最早的国家监狱，“画地为牢”“文王拘而演周易”的历史典故均源于此。

岳飞庙，又称精忠庙，后也被称为宋岳忠武王庙，是后人为纪念岳飞而建的祠庙。

旅游小贴士

地理位置：河南省安阳市

最佳时节：春、秋季

旅游景点：殷墟、羑里城遗址等

特色风味：道口烧鸡、老庙牛肉、安阳三熏、扁粉菜、内黄灌肠、安阳烩菜

洛阳 国色天香牡丹城

洛阳古称豫州、雒阳，立于洛河之间、天下之中，四周群山环绕，境内山川纵横，自古便有“八关都邑，八面环山，五水绕洛城”的说法，也被华夏先民称为是“天下之中”。洛阳是华夏文明的发源地之一，有着5000多年的文明史，4000年的建城史，13个王朝共1500多年的建都史，是我国四大古都之一。古老的城市中处处遗落着数不尽的文物古迹，道不尽的历史传奇。

龙门石窟是洛阳的代表性景点之一，位于洛阳市城南13千米处，开凿于北魏孝文帝时期，后历经东魏、西魏、北齐、北周、隋、唐和宋等朝代，断断续续的雕凿时间长达 400 年之久，密密麻麻的分布于伊水河畔的石壁上。如今山上共存有大小洞窟 2345 个，佛像 10 多万尊，碑刻题记 2840 多块，石刻佛塔 60 多座。走近一座标有“龙门”字样的古老石门，便可看到龙门大桥凌驾于滚滚的伊水河上，远处一座山丘上布满了密密麻麻的犹如马蜂窝一样的黑洞。仔细一看，在这大小不一、深浅不同的黑洞中隐藏着各式各样的佛像，每座佛像惟妙惟肖，雕刻精妙，特别是那几座大佛令人啧啧称奇。

在龙门石窟中最著名的佛像莫过于奉先寺中的卢舍那大佛了。奉先寺虽称为寺，实际上却是石窟，汇集着龙门石窟中规模最宏大、技艺最精湛的一组摩崖雕刻群。奉先寺开凿于唐高宗初年，后由武则天捐助修建，里面雕刻有 9 座巨大的佛像，各个形神兼备。卢舍那大佛为释迦牟尼的报身佛，据说卢舍那在佛经中意为阳光普照。佛像通高 17.14 米，头高 4 米，耳朵长达 1.9 米。此外，在龙门山的南端还有一处由天然的石灰岩洞开凿而成的洞窟——古阳洞，开凿于 493 年，是龙门石窟造像群中开凿最早的，其中最著名的是被誉为书法珍品的“龙门十二品”，出自北魏时期的 20 块碑记中。

白马寺位于河南省洛阳市城东 12 千米处，古称金刚崖寺，建于东汉明帝永平十一 年（68 年），是佛教传入我国后第一所官方创办的寺院，号称“中国第一古刹”，有中国佛教的“祖庭”和“释源”之称。在白马寺近 2000 年的历史中，由于其独特的历史地位得到多次拓建和完善，最终形成一座坐北朝南的长形院落，总面积 4 万多平方米，拥有天王殿、大佛殿、大雄宝殿、接引殿、毗卢阁等诸多建筑。作为我国首个佛教寺院，白马寺并不是如其他的寺院一般隐藏在山水之幽处，而是伫立在帝国权力的中心。千百年来滚滚红尘与沉静佛寺只有一墙之隔，门前车水马龙，寺内檀木香味沁人心脾，端庄肃穆的佛像让人心生敬畏。

除此之外，被誉为“人间仙境”“中原名山”的白云山国家森林公园，景点众多，环境清幽，风景秀丽。关林庙是埋葬三国蜀将关羽首级的地方，为海内外三大关庙之一，也是我国唯一的“冢、庙、林”三祀合一的古代建筑群。龙潭大峡谷内奇峰林立、绝壁直立、飞瀑高悬、清潭幽深，被誉为“中国嶂谷第一峡”。

来到洛阳，可以欣赏国色天香的牡丹花，可以静静伫立古老的伊河水畔，可以细细品味陶瓷艺术中的瑰宝唐三彩。洛阳，这座“千年帝都，牡丹花城”，有着厚重沧桑的历史、绚丽多姿的艺术文化，每一处都见证着不朽的辉煌、永不凋落的繁华。

旅游小贴士

地理位置：河南省洛阳市

最佳时节：春、秋季

旅游景点：龙门石窟、白马寺、白云山、关林庙、龙潭大峡谷等

特色风味：浆面条、不翻汤、烫面饺、胡辣汤、洛阳水席

号称“中国第一古刹”的白马寺。

关林庙位于洛林区的关林镇，是埋葬三国蜀将关羽首级的地方。

商丘 三商之源

庄严肃穆、规模宏大的燧皇陵。

商丘位于河南省的东部，是一座有着 5000 年文明史的古老城市，华夏文明的重要发源地之一。厚重的历史、古老的文明、璀璨的文化在这里汇集，众多故事传说在这里流传，商人、商品、商业在这里孕育，是名副其实的“三商之源，华商之都”。商丘就像一部史诗巨著，囊括古今，悠久辉煌。

商丘历史悠久，“三皇”之首的燧人氏，早在约 1 万年前的旧石器时代，就已发明了人工取火，这是人类文明史上里程碑式的发现。在新石器的五帝时代，炎帝、颛顼、帝喾就已在这片古老的土地上先后建立都城，之后的夏、商、周朝宋国、汉朝梁国、南宋、金朝六朝均在此建都，并在这片神州大地上遗留下众多古老的遗迹。

商丘古城又称归德府城，在4000年的漫长岁月中，原建筑早已消散于历史的烟云中，而今我们看到的是于明弘治十六年（1503年）重新修建的归德府，至今已伴随着商丘走过了500多年的风云岁月，依然保存完好。这座历时8年才完工的古城，在结构设计与建筑布局上十分注重“天人合一、天人协调”的最高境界，城池除了东西南北4座大门外，在每座大门外的翁城之上又分别建了4个扭头城门，被称为“四门八开”。而且圆形的城郭，内含方形的城墙，与古代的“天圆地方”说相一致，是古人智慧的伟大创造。商丘古城在我国现存的古城中是独一无二的存在，为我国古代城池建筑的典型代表。

商丘古城是当今世界上现存的唯一一座集八卦城、水中城、城摞城三位一体的大型古城遗址。

应天府书院又名睢阳书院、南京国子监，坐落在商丘市商丘古城的南湖之畔，与湖南长沙岳麓书院、河南登封嵩阳书院、江西九江庐山白鹿洞书院并称为“中国四大书院”。应天府书院为五代后晋时的商人杨悫所创办，后北宋时期宋真宗赐名为“应天府书院”，是当时全国最高的学府之一，有“宋朝兴学，始于商丘”之说。这座位于繁华都市之中的书院，培育出了无数的人才与大家名士，晏殊、范仲淹等宋代名相也在这里作过山长讲过学，张方平、王尧臣、宋勋、侯恪、宋权、侯方域等众多杰出人才从这里走出。在明代时书院被誉为“文武百官半江西，小小商丘四尚书”，可见它在当时社会上的影响之大。漫步在宁静典雅的书院中，依稀还有琅琅的读书声在耳边回荡，站在这安详古老的书屋中，任思绪在这古韵悠长的学府中徜徉……

在商丘，既可以游览浩繁的名胜古迹，也可以坐下来喝杯清茶，听当地的老人讲述那流传千古的动人故事，月下老人牵线才子佳人的喜悦、汉高祖斩白蛇的英勇不凡、花木兰的忠贞、李香君的贞烈等，让人回味无穷。

旅游小贴士

地理位置： 河南省商丘市

最佳时节： 四季皆宜

旅游景点： 商丘古城、应天书院、燧皇陵等

特色风味： 虾子烧麦、水激馍、五香糟鱼、毛家传统卤菜

浚县 民间文化艺术之乡

浚县古称黎州，位于河南省的北部，为鹤壁市的下辖单位，城内卫河蜿蜒而过，城外淇水碧幽澄澈。这一座并不大的城，有山有水，有景有史，是一处景色如画的城市，也是一座历史悠久辉煌的古老名城，素有“十里城池半入山”“黎州收，顾九州”之誉，更是我国的民间文化艺术之乡、孔门十哲之一子贡的故里。

浚县这座安静淡雅的小城，虽并不出名，却是一座历史悠久的古城。大量母系氏族晚期的仰韶文化和父系氏族龙山文化的遗址在这里发掘，商代时被称为黎的浚县在康叔的封地内，西汉高祖年间开始置县，直到明初才改称浚县，并一直沿用至今。悠久的岁月，在浚县城内遗留下众多历史的印记和古老璀璨的文化，让人目不暇接。

说起古城，总少不了古城墙的身影，历史上的它们担当着守护城池和全城百姓的重责，今日却成为人们怀古赏景的最佳去处。浚县古城墙始建于明洪武三年（1370 年），有着“南京到北京，比不上浚县城”之说。昔日绵延不断、雄壮威武、坚实厚重的城墙，历经岁月的摧残和战争的洗礼，已不复往日的雄姿，现在只剩卫河沿岸以及姑山南侧的城墙遗址可供瞻仰及凭吊了。那残垣断壁中已长满了杂草，那累累伤痕中写满了历史的记忆，令人心生无限的感慨。

说起浚县，人们首先想到的就是大伾山，它已成为这座城市最具代表性的景致。大伾山位于浚县城的东部，因此当地人又习惯性的称它为东山。大伾山海拔仅 135 米，是一座并不高大的小山丘，之所以声名远扬，一方面因当年大禹治水曾登临此山，另一方面还在于山上开凿有一座豫北地区最大的佛像。这尊端坐的大型弥勒佛像始凿于北魏时期，相传是古时为镇泛滥的黄河水而建。佛像面容平和，一手扶膝，一手作法印状，目视前方，庄重肃穆。因佛像加上地面以下丈余，共高约 8 丈（约 26.7 米），而佛像外用以保护它的楼阁高有 7 丈（约 23.3 米），所以有“八丈佛爷七丈楼”之谓。此外，山上林木葱郁，庙宇楼阁林立，摩崖碑刻众多，自古便为“河朔胜景”，登山览胜之名人络绎不绝，留下了无数佳作。

浚县文化底蕴深厚、源远流长，民间文化艺术更是绚丽多姿，是中原黄河文化的重要组成部分。那浮丘山上规模盛大、热闹非凡的浚县庙会，古老悠久、多姿多彩的社火活动，小巧精致、样式多变的泥咕咕等，将浚县打造成一个多姿多彩、美丽迷人的城市。

旅游小贴士

地理位置：河南省鹤壁市浚县

最佳时节：春、秋季

旅游景点：浚县古城墙、大伾山、大石佛等

特色风味：义兴蒋烧鸡、吴庄饸饹、子馍、浚县八大碗

华中地区古城

闻名豫北的浚县大伾山大佛。

婀娜多姿的扇子舞。

武汉 九省通衢

古色古香、繁华热闹的黄鹤古肆。

地处江汉平原中部的武汉是华中地区最大的都市，湖北省的政治、经济、文化中心，又因李白的“黄鹤楼中吹玉笛，江城五月落梅花”的名句在此处写下，故又得名“江城”。武汉地处两江四岸，占尽地利之优势，为东西南北交通之枢纽，素有“九省通衢”之誉。

武汉历史悠久，新石器时代的文化遗址就已发现了 100 多处，自商代方国建盘龙城始，至今已有 3500 年的建城史，近代的武汉政治、经济之繁荣使它获得了“东方芝加哥”的称号。悠久的岁月、跌宕的历史塑造了武汉厚重大气、磅礴璀璨的文化底蕴。

唐代诗人崔颢的一首《登黄鹤楼》已是流传千古的绝唱，黄鹤楼更是因此而名扬四海。巍然屹立于武汉蛇山之巅的黄鹤楼，与湖南岳阳楼、山东蓬莱阁、江西滕王阁并称为“中国四大名楼”，享有“天下江山第一楼”“天下绝景”等美誉。来到黄鹤楼前，只见一座高大的塔楼伫立在巨大的石台之上，楼阁外观有5层，最顶层上一块鎏金匾额高高悬挂，镌刻着“黄鹤楼”3个浑厚苍劲的大字，像是整幢楼的一撇眉目，更添高楼的灵性与神韵。楼的两侧是呈对称分布的一些古建筑，古色古香的轩廊、亭阁、牌坊和金瓦琉璃覆顶的建筑众星拱月般守护着主楼。传说黄鹤楼是三国时期孙权为实现“以武治国而昌”（“武昌”之名即由此而来）的军事目的而建的。在东吴被晋灭了之后，三国统一，黄鹤楼原本的军事作用也不复存在，在时光长河的涤荡中，在江夏城不断地发展中，这里逐渐成为南来北往之人皆会一游的观赏楼，不少的文人墨客来此登阁远眺，挥洒浪漫诗意，并留下众多脍炙人口的篇章。

坐落在武汉市内的归元寺又名归元禅寺，与宝通寺、溪莲寺、正觉寺并称武汉“四大丛林”。它不仅是我国重点佛教寺院之一，也是湖北佛教协会的所在地。相传归元寺是由僧人白光、主峰于清朝顺治年间主持建造的，寺院名字来源于佛偈“归元性不二，

旅游小贴士

地理位置：湖北省武汉市

最佳时节：春、秋季

旅游景点：黄鹤楼、归元寺、龙华寺等

特色风味：热干面、面窝、米粑、武昌鱼、糍粑、欢喜坨

黄鹤楼享有“天下江山第一楼”“天下绝景”之称。与湖南岳阳楼、江西南昌滕王阁并称为“江南三大名楼”。

归元寺与宝通寺、溪莲寺、正觉寺合称为武汉的四大丛林。

方便有多门”，可谓意味深长。寺院主要分为三个部分，分别为北院、中院和南院，占地面积达 17000 多平方米，规模庞大，气势恢宏。走进院内草木青青、老树萦绕、宁静清幽，秀丽的景致与古寺的神韵水乳交融，孕育出了别样的风光，被誉为“汉西一境”。

读过吴敬梓的《儒林外史》的朋友，是否还记得第三十八回《丫姑爷乘龙充快婿知客僧拉马认干娘》中提到了一处武汉古刹，那便是龙华寺。龙华寺地处湖北武汉，屹立于蛇山之上，据说华龙寺是由太监王定于明成化年间修建的。寺里居中是一座“大雄宝殿”，供的是释迦牟尼佛。此外还有观音殿、罗汉堂、斋堂、客堂、禅堂、僧房等建筑。与我们往常见到的寺院不同的是在此修行的都为尼姑，别具特色。

位于蛇山之上的龙华寺野趣盎然、人文荟萃，有“深山藏古寺”之意境。

除了璀璨的文化、众多的名胜，武汉还有继承了湖北菜的风味的基础上又吸收了其他各地菜系之精华的特色美食，色香味俱全的各色菜品，令人垂涎不已，更有那享誉全国的淡水鱼鲜，为武汉带来了“美食之都”的称号。来到武汉，可以“早尝户部巷，夜吃吉庆街”，大快朵颐尽享美食。

荆州 军事重镇

荆州又名江陵，地处江汉平原的西部，北与汉水相临，南与长江相接，是通往西巴蜀、南湘粤的交通要道。“得荆州者得天下”，所以这座“七省通衢”之要地自古便是兵家必争之地。

荆州，自楚国在此建都城“郢”开始，至今已有2000多年的建城史，是楚文化的中心发源地之一，自春秋战国至五代十国更是承担了长达500多年的都城之责，为历代王朝屯兵之重地。源远流长的荆州境内人文景观众多、历史文物丰富、文化辉煌灿烂。

夜晚的荆州古城，灯火辉煌。

荆州古城是中国历史文化名城之一。

太晖观外观古朴凝重，内部装饰却极奢华。

荆州古城又名江陵城，初建于春秋战国时期，据记载，楚文王将都城迁到江陵后，就在今日的荆州城区内修建了诸多宫殿以及官船码头，用以览四周盛景、游长江名胜，这就是荆州古城最初的模型。现在我们眼前看到的保存较为完好的城郭多为明清时期遗存下来的，城垣周长为 10.5 米，沿着顺湖池蜿蜒起伏，宛若游龙，雄伟壮观，且坚固无比。荆州古城墙不仅是我国保存最为完好的古城墙，也是跨朝代最多、延时最长的古城垣，见证了荆州的风云沧桑。

太晖观矗立于太湖港北岸，为当地一处著名的景观，也是全国的重点文物保护单位。相传，朱元璋的儿子湘王朱柏的封地为荆州，于洪武二十六年（1393 年）在荆州开始修建王宫，这座王宫规模之大，内部装饰之奢华，完全超出了当时的规制，就被人告发他有谋反之心，朱柏为避免获罪，便将名字改为“太晖观”。后来该观历经多次重修，愈加金碧辉煌、雄伟壮观，被誉为“遍数琳宫，独此雄甲荆楚”。走进观内，古木森森、宁静悠远，亭台楼阁错落有致，四大天王殿、玉皇亭、观音殿逐次排开，掩映于一片绿丛中，影影绰绰。观后有粼粼湖水，碧波荡漾，岸边的绿树红花，美丽如画，游览于此处，仿若画中游。

在我国众多的历史遗迹中，点将台是其中的一大亮点，如周瑜点将台、诸葛亮点将台、昌乐县点将台等，他们不仅是历史的遗迹，往往还伴随着众多精彩的故事传说。在荆州也有这样一座点将台，坐落在荆州城西门外的花园村中，相传是为关羽出兵攻打曹仁时为阅兵点将而临时搭建的。在点将台的东北方一个名叫拍马山的小山丘，是当时的将士们战前演练的场所。这处并不华丽的地方，却是人们追忆英雄辈出的三国时代的最好去处。

荆州，一座退去了军事重镇外衣的古城，告别了战火纷飞的年代，迎来了新的发展与辉煌，古今结合的它释放出无人能抵挡的魅力。

旅游小贴士

地理位置：湖北省荆州市荆州区

最佳时节：春、秋季

旅游景点：荆州古城墙、太晖观、点将台等

特色风味：荆州鱼糕、荆州大白刁、松滋鸡、公安牛肉、洪湖藕带

襄阳 华夏第一城池

“中华腹地的山水名城，这才是一座真正的城。”冯骥才、金庸曾如此评价它。不同于北京的华丽庄严，不同于扬州的精致婉约，不同于大理的妩媚多情，它凭借山之险峻、水之清秀、古迹之盛、文化之浓，成为华夏大地上一颗耀眼的明珠。

襄阳位于湖北省西北部的汉水之畔，四周被随州、十堰、荆门、南阳等城市所包围，是历史上最有名的军事重镇，自古便享有“华夏第一城”“铁打的襄阳”“兵家必争之地”等称号。走进这座已经度过了 2800 年悠悠岁月的襄阳，那古老的城墙、闻名中外的隆中、风格迥异的寺庙教堂，以及古老厚重的荆楚文化和三国文化等，书写着这座古城辉煌的历史。漫步其中，古韵古风扑面而来。

襄阳城一角。

旅游小贴士

地理位置： 湖北省襄樊市

最佳时节： 春、秋季

旅游景点： 隆中、护城河、古城墙等

特色风味： 三镶盘、夹沙肉、襄阳缠蹄、红烧蹄髈、泡菜牛肚丝、宜城大虾、宜城盘鳝

说起隆中，不禁想起了《三国演义》中罗贯中对它的一段描述，“山不高而秀雅；水不深而澄清；地不广而平坦；林不大而茂盛；鹤相亲，松篁交翠”。隆中位于襄阳城西的西山之中，是三国时期诸葛亮的第二故乡，至今已有1800多年的历史。诸葛亮在出师之前曾隐居于此，日出而作，日落而息，后刘备“三顾茅庐”请其出山辅佐以夺天下，众多关于当时天下形势的观点也是在此时提出的，这里可以说是三国文化的源头。来到这里，草庐亭、躬耕田、六角井、半月溪、观星台、棋盘石、琴台等，诸多反应诸葛亮生活场景的遗迹所在皆是，“隆中十景”在明代时就已名扬四海。

自古以来，逢城便少不了护城河的存在，它守护着古老的城池，保护着人民的安全。襄阳这座军事重镇更是少不了它的身影，护城河位于襄阳市襄城区，周长为5060米，最宽处可达250米，不仅是我国而且是亚洲最宽的护城河，因此，襄阳享有“华夏第一城池”的美誉。历史上的襄阳，曾经历过200多次大大小小的战争，可以说没有护城河与古城墙的守护，就没有如今的襄阳。今日碧波荡漾的护城河和岸畔巍巍的古城墙，退去了历史的重任，为人们提供一处游览赏景的好去处。

自然景观与人文景观丰富多彩的隆中。

历史的长河在襄阳大地上留下了无数的遗迹，创造了辉煌的文化，也孕育了一代又一代杰出的人才。历史上有名的玉石鉴赏家卞和、辞赋家宋玉、政治家刘秀、文学家王粲、军事家和政治家诸葛亮、佛学家释道安、大诗人孟浩然、书画家米芾等，为这座千年古城增添上浓墨重彩的一笔。

古城墙的身姿依然雄壮，守护城池的决心依然坚定。

恩施 土家第一城

说起恩施土司城可谓大名鼎鼎，有着“中华土家第一城”美誉的恩施土司城位于湖北省恩施市，是国内目前保存最为完整的土家族土司王城。土司城虽然历经千年的风雨洗礼，如今依然恢宏如昔，极具土家族的特色和艺术价值，是土家文化的重要标志。

恩施土司城是土家人的居住地，这里的土家人据说是西南地区巴人的后裔，巴楚相争失败后迁徙到地理位置更加优越的武陵地区，在与当地的一些部族融合过程中形成了土家族。唐宋时期，

土司城建筑内部精致细腻，精雕细刻，可见昔日土司的奢华生活。

当地得到长足的开发，与附近的汉人交流日益紧密，当地汉人就将他们称为“土人”，逐渐演变成土家人。

走进恩施土司城，首先映入眼帘的是巍峨高大的门楼，这是恩施土司城的标志建筑之一。在恩施土司城，门楼很有特色，作为显示土司威严和功德的纪念性建筑，注定会被建造得华美异常。门楼上处处都是代表土家特色的雕饰，工艺极其精湛。土司城门楼高 25 米，宽 12 米，是一座纯榫卯结构的木楼，做工细腻，布局精巧，结构精良，每层楼相通相连，两边有着盘旋至顶的走马转角楼梯。城门楼还有一个特色就是拥有 200 多扇门窗，共由 189 块镂空雕花图案组成，丰富多彩，内容多为传统的戏文和民间传奇故事。

旅游小贴士

地理位置： 湖北省恩施市

最佳时节： 四季皆宜

旅游景点： 土司城、风雨桥、廪君庙、九进堂等

特色风味： 摔碗酒、豆干、合渣、社饭、土家粉耙、鲊广椒

风雨桥被称为世界十大最不可思议桥梁之一。

风雨桥是走进城中后第一个有名的建筑，桥梁横跨河上，两端各有一座亭子，飞翘的檐角、精致的刻画雕琢，十分小巧玲珑。风雨桥是土家族的特色，多建于河流的码头渡口，在桥廊两侧还专设有供商人行客休息纳凉、躲风避雨的栏杆和长坐板，这样的栏杆和长坐板还有个非常好听的名字，叫“美人靠”，或是“每人靠”。关于这样的景致，还有诗歌曰：“风雨桥上明媚，嫁青山最美之一点。山寨女，朝过相夫婿，暮过省外婆，绿色歌谣，唱不尽生命繁衍。桥上风雨，是梦中柳丝；桥上故事，是摆渡人生之小船。”

很有特色的土司建筑，左边“衣食父母”，右边“金屋藏娇”。

土家族一直有着敬祖的传统，在土司城内先祖廪君庙至今依然保存完好，每到清明或是其他节日都会祭拜祖先。廪君庙坐落在风雨桥不远处的山上，东西走向的建筑雄踞山中，气势巍峨。廪君庙在土家族心中有着特殊的地位，是目前国内唯一一处举行纪念祖先廪君活动仪式的场所。这里香火袅袅，随处可见的图案铭文记录着廪君光辉的功绩，也表达着土家人对先祖的感恩之情。

来到恩施，不能不去九进堂，这里是整个土司城的精华，也是土司城的核心部分。建筑因有九重九进格局，所以被称为“九进堂”。在我国古代，九是极数，只有身份最为尊贵的人才能使用。由此可见当时土司的身份地位之尊贵。九进堂规模非常庞大，据介绍，整个建筑由“330 道门、333 个石柱础、333 根柱子、上千块精致木窗、数千根檩子组合而成”。构造工艺也别具匠心，在壮观巍峨中透露出华丽、精巧和神奇。举目望去，只见楼阁错落，棱角飞檐，阁亭相依，回廊相连，雄奇巍峨，富丽堂皇，仿佛是一座隐没在山间的皇家宫殿。

九进堂是整个土司城的核心部分，规模宏大，是目前国内罕见的纯榫卯相接的木结构建筑。

漫步在这座充满着历史厚重感和独特土家文化的古城，悠悠流淌的清江水孕育着情意绵绵的土司城，古朴静雅，诗韵犹存，吸引着四方游客……

钟祥 大地博物馆

钟祥古称郢，坐落在汉江之畔、有着 2700 多年文字记载史的它是楚国春秋时期的陪都、战国时期的国都，为楚文化的重要发源地之一。几千年来，悠久的历史在这里积淀下丰厚的文化内涵、遗留下众多文物古迹，就如一幅斑斓多姿的画卷，诉说着钟祥不朽的传奇。

钟祥有着“大地博物馆”之誉，顾名思义，其境内的风景名胜、历史文化遗产数不胜数，吸引着众人的眼球。明显陵位于湖北省钟祥市城东的纯德山上，始建于明正德十四年（1519 年），

明显陵外的琉璃影壁精致华美，不仅起到装饰的作用，还是遮挡地宫的入口。

明显陵是“一陵两冢”的陵寝结构，在历代帝王陵墓中绝无仅有。

少司马坊为明代石刻艺术的代表作，恢宏大气、绚丽辉煌。

是明世宗嘉靖皇帝的父亲恭睿献皇帝朱祐杬、母亲章圣皇太后的合葬墓，占地面积有183.13公顷，十分壮观。该陵墓是由王墓改造而来，“一陵双冢”的陵寝结构举世无双，它既是全国重点文物保护单位、世界文化遗产，也是我国中南6省区唯一的一座明代帝陵。明朝时陵寝的选址与结构设计都非常注重与周围山水林木等自然环境的和谐统一，追求“天人合一”的最高境界，所以，明显陵精巧的布局构思和高超的建筑艺术都与自然环境有着完美的结合，为世人所称奇。明显陵还是明代帝陵中唯一整体保留神道龙脊做法的陵寝，弯曲龙形状的神道两旁是各种类型的动物以及文臣武将的雕刻，左右相对，共同守护着陵园，更显示出古代皇家的威严与气概。还有那如九曲回肠几乎贯通整个陵园的九曲河，在陵园内缓缓流淌，将园内的建筑群连成了一个整体，使之更加紧凑，也增添了几分灵动飘逸的美感。

相传，在钟祥市客店镇的大洪山脉南麓，有一座雄奇壮丽的山峰，因黄石公曾到此地游览并在这里休息，所以此洞得名黄仙山，山中藏有一巨洞，名叫黄仙洞。黄仙洞全长2500多米，是独特的喀斯特岩溶地貌孕育出的绚丽的绝世奇观，为大洪山风景区内最著名的景致，被誉为“世界溶洞之一绝”。洞内洞山交错，潭池星罗棋布，变幻莫测，再加上数以万计的石针、石笋、石柱、石塔、石幔等，色彩缤纷、形态万千，仿佛一座神奇壮丽又美丽迷人的地下“魔宫”，夺天地之造化，非人力所能及，带你进行一场梦幻般的旅程。

钟祥的石刻艺术亦是天下闻名，那精湛的技艺、熟练的刀工、简洁流畅的线条、华美的镂空装饰、精巧高妙的设计，令人啧啧称奇。在园林中、祠堂里、民居内处处都是石刻艺术的完美展现，其中，最具代表性的便是雕刻于明代的“少司马坊”。此外，当地的木刻、泥塑与石刻并称为“钟祥三雕”，共同演绎着钟祥的无限魅力。

旅游小贴士

地理位置： 湖北省钟祥市

最佳时节： 春、秋季

旅游景点： 明显陵、黄仙洞、少司马坊等

特色风味： 蟠龙菜、米茶、条子酥、蓑衣香干、熏肉、葛粉盅、花酿香菇

长沙 楚汉名城

长沙位于湖南省的东北部，是湖南省的省会城市，穿城而过的湘江孕育了这片美丽富饶的土地，使之成为著名的山水洲城、繁华之都，它就如同一本书，写满了传奇、写尽了历史。

这片钟灵毓秀之地，有着 3000 多年的历史文明，自春秋战国时期建城起至今已有 2400 年的悠久历史，这里是楚文明与楚湘文化的发源地，被誉为“楚汉名城”。作为秦朝时全国的 36 郡之一、两汉时长沙国的都城、五代十国时的楚国国都，辉煌灿烂的历史在这里遗留下浩繁的名胜古迹，积淀下璀璨深厚的文化。

在古木葱茏、山水如画的长沙湘江西岸，坐落着一处古色古香的建筑群，这就是为世人所瞩目的千年学府——岳麓书院。岳麓书院名闻天下，不仅因为它是我国古代著名的四大书院之一，历史上朱熹、王阳明、王夫之、曾国藩、左宗棠、梁启超等理学、思想大家和文化泰斗曾在这里做过山长讲过学，更因

大雪之后的岳麓书院更加宁静肃穆。

旅游小贴士

地理位置：湖南省长沙市

最佳时节：春、秋、冬季

旅游景点：岳麓书院、马王堆汉墓、橘子洲等

特色风味：口味虾、长沙臭豆腐、糖油粑粑、黄鸭叫、德园包子、麻辣子鸡

为在这座千年学府里传承着我国千年的历史文明。慢慢走进这座古朴典雅的院落，一草一木、一石一瓦映入眼帘，因为濡染了千年书香的缘故吧，淡雅却不失庄重。大门前由宋真宗书写的“岳麓书院”匾额悬挂门头，大门两侧“惟楚有才，于斯为盛”的楹联正是书院彪炳史册传世荣耀的诠释和写照。二门上悬挂着“名山坛席”的匾额，两旁“纳于大麓，藏于名山”的楹联说明了书院环境幽深，是天造地设的修身养性之地。穿过书院的重重大门，撩开历史记忆的重重帷幕，仿佛看到理学大师朱熹、张栻正在论学交流，王阳明、王夫之、魏源传道授业说古论今。这里是思想的舞台，文明的园地。

马王堆汉墓位于长沙市东郊东屯渡乡，为西汉时期长沙国丞相利苍及其妻儿的 3 座陵墓，分别编为一号、二号、三号墓。马王堆的原址为浏阳河下游冲积平原中凸起的土堆，因其外形远观如同马鞍，便为其取名叫“马鞍堆”，又据传，此处曾为五代时期楚王马殷家族的墓葬地，故又名马王堆。墓地内出土的文物众多，陶器、丝织品、帛书画、竹简、印章、印泥、中草药等，共计 3000 多件，此外还有一具保存完好的女尸，现都保存于湖南博物馆内，是研究汉文化的重要史料。

长沙还是著名的美食之城，来到长沙一定不要错过这里的特色美食。长沙的湘菜历史悠久、品种繁多，在西汉时期就已达到 109 种，就连烹调方法也有 9 类，之后更是不断发展，闻名全国。还有大街小巷的特色小吃，也十分地道，定能令你大饱口福。

灵秀妩媚的湘江穿城而过，孕育了长沙这座“楚汉名城”。

岳阳 巴陵古郡

岳阳又名岳州，古称巴陵，位于湖南的东北角，北濒长江，西临洞庭湖，素有“湘东北门户”之称。岳阳是江南地区形成相对较早的古城之一，自公元前 505 年建城起，至今已有 2500 多年的悠久历史，以“洞庭天下水、岳阳天下楼”闻名天下。

岳阳这处三湘四水交汇之地，自古便是一处适合人类居住的富饶美丽之地，6000 年前原始先民已在这里繁衍生息，商周时期就已筑有古城，西晋武帝时建立巴陵城，自此以后便是历代郡、府、周、县治之所在，清政府更是将其开辟为通商口岸。悠久的历史赋予了这片土地古老的文明、灿烂的文化、浩繁的古迹，漫步城中，巴陵古郡的遗风、文人墨客的吟咏、流传千古的传说，皆可在这里寻见。

岳阳能成为中华文化重要的发源地之一、荆楚文化的发祥地，与洞庭湖水的滋润有着密不可分的关系。横跨湖南湖北两省的洞

夕阳下的洞庭湖愈加的雄伟壮丽。

旅游小贴士

地理位置： 湖南省岳阳市

最佳时节： 夏、秋季

旅游景点： 洞庭湖、岳阳楼、君山、湘妃庙等

特色风味： 平江火焙鱼、长寿蒸盐菜、南江黄鳝面、时丰大糍粑、七彩龟、啤酒鸭

庭湖古称云梦、九江，位于荆江南岸，得名于湖中的洞庭山，是我国第二大淡水湖，号称“八百里洞庭湖”，可见水面之辽阔。碧波万顷的洞庭湖上，风光秀丽、景色宜人，名胜古迹更是繁多，岳阳楼、文庙、龙洲书院、君山、杜甫墓等，令人目不暇接。

如同神仙洞府的君山原名洞庭山，是洞庭湖中的一个小岛，岛上 72 座山峰连绵起伏，二妃墓、湘妃庙、飞来钟等古迹林立。相传，约在 4000 年前，一个部落酋长的两个女儿娥皇和女英，一起嫁给了帝舜，后来舜南巡苍梧时去世，二妃知道后抱竹痛哭不已，后投湘江自尽，所以她们又被称为“湘君”。而当时她们将泪水挥洒到竹子上，竹子上长出了斑点，仿若泪滴，因此被称为“湘妃竹”或“潇湘竹”。后为纪念湘君，就将山的名字改为君山。“斑竹一枝千滴泪，红霞万朵百重衣”，娥皇女英的动人传说，赋予了这片土地神秘的色彩、浪漫的情怀。

北宋文学家范仲淹的一首《岳阳楼记》成为文坛上的千古绝唱，而岳阳楼更是因此而名扬天下。岳阳楼雄踞于洞庭湖畔的古城墙上，这座千古名楼并不高大，共有三层，约 25 米高，但却丝毫不影响它的凛然威仪、雄伟气势。那高高扬起的檐角灵动飘逸，那仿如古代将军头盔的楼顶厚重威严，再加上金黄的琉璃瓦、赤红的栏柱、色彩明丽的装饰，浑然天成、古朴典雅、恢宏大气。登上岳阳楼，八百里洞庭尽入眼底，巍巍君山缥缈如仙，吸引了古往今来无数的文人墨客来此一游，并挥毫泼墨留下了一篇篇不朽的古老篇章。

岳阳，一个古老的名字，一座美丽的城，那迷人的景、那动人的情，令人向往、让人沉醉。

浑厚敦实的古城墙托起名闻天下的岳阳楼。

烟波浩渺的洞庭湖，自古有“洞庭天下水，岳阳天下楼”之美誉。

凤凰 湘西明珠

凤凰古城，这个闻名遐迩的名字备受世人关注，被誉为“中国最美丽的小城”，也是我国著名的历史文化名城。凤凰古城地处湖南省湘西土家族苗族自治州的西南部，连接东西、贯通南北，地理位置十分优越。古城与景色秀丽的梵净山相邻，有沱江婉转流过，景色优美，被誉为“湘西明珠”。

凤凰自然资源极为丰富，青山绿水，风光旖旎，生态环境极为优美，被认为是天然的氧吧。在这里“幽、奇、秀、峻”汇聚，奇幻多变的奇梁洞、景色秀丽的屯粮山、飞瀑流纱的瀑布……千姿百态，引人入胜。这些风景名胜犹如绿色的花环给古城增添了无穷的魅力。

旅游小贴士

地理位置： 湖南省湘西土家族苗族自治州凤凰县

最佳时节： 5～10月

旅游景点： 沱江、虹桥、南方长城、沈从文故居、熊希龄故居等

特色风味： 姜糖、凉粉、血粑鸡、社饭、米粉蒸肉

悠悠沱江静静地依偎着山城，碧绿的江水蜿蜒而去，临江而建的吊脚楼上轻烟袅袅，水汽氤氲的江面上浮起扁扁渔舟，一派优美的山水风光。距县城25千米的黄丝桥古城是我国保存最完整的石头城之一，那里还有始建于明万历年间的中国南方长城——“湘西边墙”。大自然秀美的山河也孕育着那些秀美的人儿，如抗英名将郑国鸿，民国第一任民选内阁总理、政治家、慈善家、教育家熊希龄，著名作家、历史学家沈从文以及著名画家黄永玉，都曾在这片土地上绽放他们的光彩。

漫步凤凰，细品小城，凤凰独特的美会让你觉得自己仿佛坠入如诗如画的人间仙境，当然前提是没有拥挤的人群。沱江河是凤凰的母亲河，她依着城墙缓缓流淌，世世代代为古城提供源源不断的乳汁。乘坐乌篷船漫游沱江河，可以听到艄公别有风味的号子，可以看到远处岸边高低错落的吊脚楼。顺江而下，凤凰古城把它所有的景致都展现在游人眼前：万名塔、夺翠楼、万寿宫……乌篷船游到沱江南岸，就能看到一排高大的红色城墙，雄伟稳健，久经沧桑却依然壮观无比。

虹桥是古城著名的景观，也是欣赏美景的好地方。踏上虹桥，远处的景色尽收眼底，而沱江就在脚下滚滚流淌。要是在夜晚，雄伟的虹桥在灯光的照射下倒映入江水，更显雅致古朴，散发着浓郁的民族韵味。走进楼阁，就像走进了一条文化艺术长廊，那盘根错节的古树做成的桌椅，那陈列着的王羲之、康有为、于右任等名家作品，无一不在诉说着凤凰的美，向世人昭示着这座古城深厚的文化底蕴。

古老的青石板铺就的街道两旁的建筑，高墙飞檐，古色古香。

依山傍水的凤凰古城静美如画。

凤凰古城地处多民族聚居区，由苗族、土家族、回族和汉族聚居而成。在凤凰行走，不时会遇见穿着少数民族服装的人们，那精美的服饰让人眼前一亮。在凤凰古城，还可以领略悠久的楚国文化、韵味独特的各民族语言以及苦辣咸酸的美味饮食，此外还有多姿多彩的民俗文化，如阳戏、傩堂戏以及独具民族特色手工艺品，如蜡染、银饰玻璃吹画等，工艺独特。这些丰富多彩的民俗文化和民间工艺构成了凤凰古城别具一格的民俗风情。

说到凤凰古城，著名文学家、历史学家沈从文先生是一个绕不开的人物，他的故居就在古城中营街的一条小巷子里。故居是一个前后两进的四合院，典型的湘西院落，有正房、厢房、前室共 10 多间。就是在这里，沈老先生开始了他传奇的一生。抚摸着故居的一砖一瓦，仿佛看到了几十年前的模样，再现《边城》湘西特有的风情。

日暮四合时，凤凰古城开始变得迷离了起来，两岸吊脚楼的灯光衬托着沱江波光粼粼的水面，愈发显现得五彩斑斓，流水随着街上酒吧里的乐声一起舞动，分外美丽。如果说白天的凤凰如一位淳朴、美丽的苗族少女，那么，夜色下的凤凰就是一个多情、大方的湘西姑娘。

风雨沧桑 300 年，凤凰古城如今古韵犹存。别具风貌、临江而立的吊脚楼，打磨光滑的蜿蜒石板路，还有那静静流淌的沱河，都在述说着凤凰古城的沧桑和悠远。清浅的沱江映着凤凰的美景，整个古城宛如一幅写意的山水画，让人陶醉。

沈从文故居位于城中营街的一条小巷子里，一个前后两进的四合院，是典型的湘西院落。

第四章

华南地区古城

广州 千年商都

广州又称羊城，这座有着 2200 多年文明历史的古老城市，坐落在广东省的中南部，与我国南海相邻，守护着中国的南大门，自古以来就是我国海上交通的重要港口，同时广州也是海上丝绸之路的起点之一，有“千年商都”之称。

广州自秦朝正式建城起一直是地方上的行政中心，也是华南地区的政治、经济、文化中心，在我国近代史上占据着无可替代的重要地位。南越王墓、六榕寺、陈家祠、光孝寺等众多历史遗迹见证了广州悠久辉煌的历史；三元里平英团遗址、中山纪念堂、黄花岗七十二烈士墓、黄埔军校等记录了广州风云变幻、波澜壮阔的近代史。

六榕寺坐落在广州市的六榕路，作为我国南方一座有着1400多年历史的古刹名寺，它和光孝、华林、海幢寺合称广州佛教的四大丛林，历来备受推崇，六榕寺中的花塔更是闻名遐迩。六榕寺最初的模样已经随着梁代的灭亡和北宋的大火消失在岁月的长河中，现在我们看到的寺庙是宋朝重建的净慧寺。据说有一日苏东坡来到寺中，目睹了前朝留下的6棵老榕树，倍感惊奇，于是挥毫泼墨写下了“六榕”二字，从此之后人们渐渐就将寺名改为了“六榕寺”。步入寺中，眼前楼宇耸立，苍翠的树木使得寺庙越发幽静，铜炉中香烟如柱，袅袅升起，萦绕在亭阁石阶之间。绕开殿堂，向天遥望，只见八面玲珑、笔直秀美的千佛塔高耸入云、傲视四方。其色彩斑斓，光艳照人，故而又称花塔，高达57米，属于广州有名的古代高层建筑。

中国大地上散落着众多为纪念孙中山而修建的建筑物，如翠亨村孙中山故居、南京中山陵等。1931年广州人民和海外华侨共同捐资兴建了广州中山纪念堂。中山纪念堂建在越秀山南的总统府旧址上，整座建筑面积约为3700平方米，高49米。它是广州最具标志性的建筑物之一，由我国著名的建筑师吕彦直先生

旅游小贴士

地理位置： 广东省广州市

最佳时节： 秋季

旅游景点： 中山纪念堂、陈家祠、六榕寺、白云山、石室圣心大教堂等

特色风味： 白切鸡、白灼海虾、挂炉烧鸡、明炉乳猪、萝卜牛腩、云吞面、艇仔粥、肠粉

中山纪念堂飞檐飘卷，青砖蓝瓦，梁枋彩画，极具民族特色。

陈家祠建筑的屋脊上皆是各种人物、动物的雕刻，色彩明丽、栩栩如生。

设计。该建筑在中国传统的宫殿式风格的基础上，又与西方建筑艺术相结合，使整个建筑古典与现代、繁复与简约兼而有之。广场上还有广州最古老的、有着 300 多年历史的“木棉花王”，时光荏苒，物转星移，目睹着历史沧桑巨变的老树依旧静静站立，细细品味着百年的坎坷风霜。

白云山享有“羊城第一秀”之美誉，其“白云松涛”“云山锦绣”两处盛景被评为“羊城新八景”之一，每逢重阳佳节，人们定要来此登高。陈家祠原称陈家书院，为我国清代宗祠建筑，规模宏大、富丽堂皇，是广州地区保存最完好的古建筑群。石室圣心大教堂坐落在广州市区中心的一德路，这座宏伟的天主教大教堂是典型的双尖塔哥特式建筑，墙壁、柱子皆用花岗石砌造，为全球 4 座全石结构哥特式教堂之一。

俗话说“食在广州”，作为我国十大美食之都中的一员，广州的美食名扬古今中外，色、香、味、形俱全的粤菜令人唇齿留香、回味无穷。种类丰富、制作精美的各色小吃、点心，更是不胜枚举。

石室圣心大教堂是典型的双尖塔哥特式建筑。

梅州 世界客都

梅州旧称嘉应州，位于广东省的东北部，这座国家历史文化名城是我国客家人居住较为集中的地方之一，素有“世界客都”的称号。古老悠久的客家文化，多姿多彩的客家风情，风格独特的客家建筑，无不彰显着客家之魅力，被誉为中国国传统文化的“活化石”。

广东四大名刹之一——灵光寺。

千佛塔又名花塔，高达 57 米，属于古代高层建筑。

梅州这座东方客都历史悠久，自南齐于永明元年（483 年）设程乡县始，已走过 1400 年的漫长历史，五代十国南汉乾和三年（945 年）升为敬州，后在宋开宝四年（971 年），为了避宋太祖祖父赵敬之的名讳，而改称梅州，之后一直沿用至民国时期。梅州城内人文荟萃，风光秀丽，文物古迹众多，是观光游览的好去处。

一走进这座依山傍水的客家都城，浓浓的客家文化气息扑面而来，风格独特、古朴典雅的围龙屋、土楼、走马楼、多杠楼等散布于青山绿水之间，还有灵光寺、千佛塔、黄遵宪故居、叶剑英纪念馆、泮坑瀑布、然卧佛、雁鸣湖旅游度假村等众多风景名胜散落在梅州这片古老神秘的土地上，这些梅州历史浓缩的精华吸引着人们的目光。

俗话说“深山藏古寺”，梅州的灵光寺就坐落在阴那村阴那山五指峰的半山腰上，是广东的四大名刹之一。相传，在唐懿宗咸通年间，有一位名叫潘了拳的僧人，以一己之能帮助芸芸众生，这座寺庙便是为他所创建。坐东向西的灵光寺依山而建，规模宏大，具有客家民居建筑特色的层层楼宇掩映于青山绿树之间，清幽宁谧，神秘悠远。还有寺前那一荣一枯两株千年古柏，真是世所罕见，令人慨叹。

千佛塔是梅州的标志性古建筑之一，有“岭南明珠”之誉。该塔挺立于梅州市的东郊，始铸于南汉大宝八年（965 年），由花岗岩修筑，面呈八角形，高有 9 层，因周身雕刻有千余尊佛像，故得名千佛塔。巍然耸立、玲珑精致、雕刻精美的千佛塔是我国塔建筑艺术中的瑰宝。

在梅州，你还可以参观雄伟的叶剑英纪念馆，也可以去大埔县三河坝参观“八一”起义军三河坝战役纪念园，更可以去蕉岭县谢晋元将军纪念馆、平原县的红军纪念园、五华县的老红军古大存故居等，追忆那激荡的革命岁月。

旅游小贴士

地理位置： 广东省梅州市

最佳时节： 四季皆宜，避开雨季

旅游景点： 千佛塔、灵光寺、泮坑瀑布、叶剑英纪念园、客家公园

特色风味： 客家盐焗鸡、梅菜扣肉、客家红焖肉、梅州腌面、鸡颈板、三及第汤

佛山 美食之乡

佛山简称“禅”，原名忠义乡、季华乡，位于广东省的中部，这座历史悠久的古城，地理位置优越，文化积淀深厚。佛山是广府文化的发源地之一，粤剧文化源远流长，龙舟舞狮文化声名远扬。还享有“品牌之都”“最具浪漫城市”“美食之乡”等美誉。

相传，东晋年间，剡宾国的三藏法师曾在塔坡岗上修建寺庙，并将自己带来的铜佛像供奉于内，由于后来三藏法师回国，寺庙也逐渐坍塌。到了唐贞观二年（628 年），突然有一天这片岗地上光芒四射，耀眼夺目，当地人便齐聚此地开始挖掘，三尊铜佛破土而出，人们便认为这里从前应该是佛家之山，于是就改名为“佛山”，并一直沿用至今。所以，在当地还流传着“未有佛山，先有塔坡”这样一句谚语。

佛山是“狮艺之乡”，每逢节日便会举行舞狮活动。

旅游小贴士

地理位置： 广东省佛山市

最佳时节： 4～10 月

旅游景点： 佛山祖庙、西樵山、南风古灶、清晖园等

特色风味： 佛山扎蹄、大良野鸡卷、炸牛奶、小凤饼、九江煎堆、西樵大饼

在佛山，自然少不了禅文化建筑，而佛山祖庙就是其中最具代表性的。佛山祖庙位于佛山市禅城区内，是一组具有岭南文化特色的建筑群，为国家级重点文物保护单位。祖庙始建于北宋元丰年间（1078 年），后历经明朝的重修以及清初的完善，逐渐成为一座规模宏大、体系完整的寺庙建筑群，与肇庆悦城龙母庙、广州陈家祠并称为岭南古建筑三大瑰宝。因古时的佛山是名副其实的水乡，水患频发，所以祖庙内供奉的为传说中的北方水神——北帝神，直到今日，每逢重要节日，当地人都会来此处朝拜祈福。祖庙内的建筑错落有致地分布于南北中轴线上，疏密有度、布局合理，且装饰华美，还附有众多技艺精湛、栩栩如生的陶塑、砖塑、木雕等，既恢宏大气又壮丽威严，被外国游客们誉为“东方民间艺术之宫”。

“给我一整天，还你一千年”。南风古灶，这处世界陶文化圣地，既汇聚了陶文化的精华，又凝聚了舞狮、武术、剪纸、粤剧等众多民间艺术的精粹，是观光、游览、习艺、购物的最佳去处。来到这里，既可以参观几百年来窑火不断的龙窑和高灶、展示着石湾陶源远流长的陶瓷历史的石湾陶瓷博物馆、具有岭南建筑特色的古建筑群，也可以去玩陶中心亲手制作一块梦想砖，还可以去用浑厚、壮美的大缸瀑布，欣赏古代柴烧技艺的智慧结晶。总之，这是一片寻找陶根、传承陶魂的神圣之地，是名副其实的南国陶都。

掩藏于一片绿荫间的佛山祖庙，古朴典雅，庄严肃穆。

除此之外，佛山还有众多的景致可观赏，有着“南粤名山数二樵”之誉的西樵山，被称为清代广东四大名园的佛山梁园和顺德清晖园，我国南方最大的花卉生产交易基地——陈村花卉世界，以及众多的名人故居及纪念馆，如康有为故居、黄飞鸿纪念馆、李小龙纪念馆等，都是佛山印象的代表。

广东四大名园之一——清晖园，极富岭南特色。

桂林 山水甲天下之城

桂林，一幅秀丽山水勾勒出的唯美国画，一本历史积淀下的厚重古书，它的“山青、水秀、洞奇、石美”让人流连忘返，它那流传千古的动人故事让人心醉神迷。山水甲天下的桂林等待着我们去细细品味、慢慢欣赏。

桂林位于广西壮族自治区的东北部，漓江之滨，是我国山水文化历史名城和最负盛名的旅游胜地之一。桂林深厚的文化底蕴来自悠久的历史积淀，夏商周时期，这里是“百越”人的居住地；秦始皇一统天下后，在此处设置桂林、象郡、南海三郡，“桂林”之名即始于此。

夕阳下的漓江有一种迷离朦胧之美，半江瑟瑟半江红。

旅游小贴士

地理位置：广西壮族自治区桂林市

最佳时节：春、秋季

旅游景点：漓江、象鼻山、芦笛岩洞、靖江王府等

特色风味：啤酒鱼、尼姑素面、马蹄糕、豆蓉糯米饭、桂林松糕

漓江曾名桂水，或称桂江、癸水、东江，正是它孕育了桂林秀甲天下的独特自然景观。漓江发源于兴安县猫儿山，宛如一条精心缝制的碧色玉带，在苍翠群峰中飘荡，构成了一幅绚丽多姿的画卷。百里漓江处处皆胜景，犹如颗颗明珠撒落在两岸。乘着竹排沿着漓江顺流而下，晶莹剔透、清澈见底的江水泛起细细的涟漪，四周连绵挺拔的山峰在富于变化的云雾中显得绰约多姿、缥缈妩媚。奇峰倒映水中，与波光粼粼的漓江交相辉映，山水一色，真是“舟行碧波上，人在画中游”。沿着漓江，还可以欣赏到千奇百怪的石头，或摹人或拟物，光怪陆离，夺尽天地之造化。这里还诞生了世界上景色最为优美、规模最大的岩溶景区。

有着桂林象征之称的象鼻山，原名漓山，远远望过去，它与站在江边把鼻子伸进河里喝水的大象极为相像，象鼻山之名也因此而来。沿着山的西面拾级而上可达到顶端，在山上有一对象眼岩，酷似大象的眼睛。在大象“右眼”下方有一个半月形的水月洞，每到晚上月亮刚升起来的时候，象鼻山与水月洞一起组成一道靓丽的风景线。“水底有明月，水上明月浮。水流月不去，月去水还流。”由此可看出，古人对水月洞的奇景极尽赞美之情。

漓江边上的独秀峰可以说是桂林的“众山之王”。南朝宋诗人颜延之有诗云：“未若独秀者，峨峨郛邑间。”独秀峰挺拔秀丽，壁如刀削，登临其上可饱览漓江美景。独秀峰的山下有保存

桂林象鼻山。

在各色灯光照耀下的芦笛岩洞五彩斑斓，宛若霓虹。

完整的具有浓郁明代风格的藩王府和斑驳的明代城墙。藩王府内景色优美，自然风光与建造者匠心独运的工艺完美结合，达到天人合一的境界，可以毫不夸张地说“阅尽王城知桂林”。

漓江风光就像一幅意境悠远的水墨画，在宣纸上晕染出清新而又朦胧的美，而江畔的阳朔为这宁静之美增添了些许的热闹。在 2014 年的中国最美丽县的名单之中，阳朔以秀美迷人的景色高居榜首，成为中国最美县城。古代时候的阳朔属于荆州零陵郡，直到隋朝时候，才开始改名为阳朔，经历了千年风霜。这里有很多的少数民族，比如壮族、瑶族等，各民族的人民和睦相处，一起创造了阳朔丰富多彩的文化。

世人皆知桂林山水甲天下，但是桂林并不只有地面上秀丽的山水景色，还有着令人惊奇的喀斯特地貌隐藏在深邃的“洞穴”中。在这些崎岖幽暗的洞穴中，芦笛岩洞无疑是其中的佼佼者。进入芦笛岩洞，水道曲折，碧波荡漾，水石难分，奇幻异常，好像遨游东海龙宫一般。在洞中，上面有石钟乳悬挂，下面有石笋生长，说其生长是因为这些石柱真的在一点点地变长，独特的喀斯特地貌孕育了这种奇特的自然景观。数不尽的石钟乳大小不一，形态万千，在各种灯光的照耀下五彩斑斓，宛如霓虹。梦幻的洞府，令人惊叹。

“云中的神呵，雾中的仙，神姿仙态桂林的山！情一样深呵，梦一样美，如情似梦漓江的水……”在这里，大自然用它的丹青妙手鬼斧神工绘就了一幅流动的山水画卷，美丽、婉约、壮观、神奇……任何的词语也无法描述它的魅力。

富丽堂皇的藩王府。

海口 南国椰城

海口，又称“椰城”，位于海南岛的北部，是一处典型的具有热带风情的海滨城市，风光秀丽，别具风情。海口不仅是今日海南省的政治、经济和文化中心，更是一座具有千年历史的文化名城，起源于汉代，宋代时已开埠。热带风光、海滨风情，再加上古老悠久的历史文化和名胜古迹，将这座城市装扮得美丽迷人。

海口在唐宋时期尚是荒蛮之地，朝臣被贬多被发配到此，比较有名的如李德裕、李纲、赵鼎、李光、胡铨等。他们虽然都是被贬而谪戍于此，心内郁郁，但客观上确实为当地的人文发展做出了很大贡献，颇有教化之功，所以从明万历年间开始，当地人为李德裕、李纲、赵鼎、李光、胡铨 5 人分别设立祠堂以示纪念，后来这一建筑群被统称为“五公祠”，现在是全国重点文物保护单位。

海瑞陵园位于海口市西郊滨涯村，始建于明万历十七年（1589 年），至今已有 400 多年的历史，墓园面积约 5000 平方米。海瑞陵园之所以建在此处，据说其中还有一个典故。海瑞死后，朝廷着官员许子伟护灵柩回故里安葬，并督造墓园，途中海瑞灵柩上的绳子突然断开，接好之后，再断……反复几次都不行，人们以为这是海瑞自己选的长眠之地，于是将其就地下葬，便有了今日的海瑞陵园。海瑞陵园的建筑古朴大气，庄重典雅，院内郁郁葱葱，幽深静谧。从正门进去，一条百余米长的花岗石铺就的大道，笔直开阔，从牌坊下直通基地。大道两旁，两排椰子树傲然挺立，如同墓园忠实的守卫，还有明代雕刻的石人、石马、石羊、石狮，或坐或站或躺，栩栩如生。在道路的尽头是海瑞的茔墓和雕刻得栩栩如生的海瑞塑像，庄严肃穆。漫步在园中，在那充满浩然正气的古风中，领略中国历史上清官的风韵。

琼台书院坐落在海口市琼山区的中山北路，始创于清康熙四十四年（1705 年），整体为砖木结构。相传，这座书院是为纪念海南第一才子、曾任明朝大学士的海南才子丘濬而建的，书院之名来自于丘濬之号琼台，并因当年学院的掌教谢宝拒绝镇台乱搜书院并智救相爱的书生和婢女而闻名天下。书院历经扩建，一改最初一亭二院的简陋格局，院内亭台楼阁林立、古树绿荫匝地，环境清幽雅致。这座书院是当时琼州地区最高的学府，一批批杰出的人才，一个个中举的进士，还有众多革命英烈皆从这里走出，成为时代洪流中的弄潮儿。

这些历史遗留下来的文物古迹见证着海口这座城市的风雨沧桑、历史变迁。而美丽的假日海滩、独特的海口石山火山群、热带野生动物植物园、宏伟壮丽的世纪大桥等，书写着今日海口的辉煌，并绽放着动人的魅力，吸引着游客们的眼光。

旅游小贴士

地理位置： 海南省海口市

最佳时节： 10 月至次年 5 月

旅游景点： 海瑞陵园、五公祠、琼台书院、世纪大桥、海口石山火山群国家地质公园等

特色风味： 椰子蟹、文昌鸡、加积鸭、东山羊、和乐蟹、椰蓉鸡、海南粉

琼台书院是后人为纪念海南第一才子、明朝大学士丘濬而建。

海瑞陵园内绿树葱郁，古建筑掩映于绿树之中，静谧悠然。

第五章 西南地区古城

成都 天府之国

锦里是体验三国文化与成都民俗特色的最佳选择。

成都，又名“蓉城”“锦城”，位于成都平原的腹地，自古就享有“天府之国”的美誉。成都古时便是西南重镇，三国时的蜀汉，五代十国时期的前蜀、后蜀，还有北宋李顺、明末张献忠都曾以此地为基建立政权，也曾作为唐朝和民国的临时首都而存在。南方丝绸之路的起点在这里，古老的蜀文化发源于这里，汉代的中国茶文化在这里诞生，三国文化在这片土地上绽放。成都，是一座既古老繁华，又美丽多情的地方。

“丞相祠堂何处寻，锦官城外柏森森。”杜甫的这两句诗，指的就是坐落于成都市武侯区、为纪念三国时期蜀国丞相诸葛亮而修建的祠堂。诸葛亮生前被封为武乡侯，死后谥号忠武侯，后人便尊他为武侯。虽然大家都称它为武侯祠，实际上它却并不是纯粹的为纪念武侯诸葛亮而建的，而是为刘备和诸葛亮这对有着千古美谈的明君贤臣合祀而建的，也是我国唯一一座君臣合祀的庙宇。庙宇内最著名的文物便是《蜀汉丞相诸葛亮武侯祠堂碑》，立于唐朝唐宪宗元和四年（809 年）。因其是由唐代著名的宰相裴度撰文、书法家柳公绰书写、名匠鲁建篆刻，文章、书法、篆刻均出自名家，所以被世人誉为“三绝碑”，具有极高的历史研究与艺术价值。

“草堂留后世，诗圣著千秋”，成都杜甫草堂，这块中国文学史上的圣地，坐落在万里桥西、浣花溪畔、百花潭边，是我国唐代诗人杜甫为躲避“安史之乱”、流寓成都时的居所。他在这简陋的草堂里居住了将近 4 年，在此期间创作了大量流传千古的诗篇。今日的杜甫草堂是在原草堂的遗址上，历经宋、元、明、清朝代的多次修建而成，占地 20 多万平方米，规模宏伟。整个园林的建筑风格独特，形式多变，虽然主体上呈清代建筑特色，

旅游小贴士

地理位置：四川省成都市

最佳时节：春、秋季

旅游景点：武侯祠、杜甫草堂、青羊宫、明蜀王陵、青城山、宽窄巷子

特色风味：夫妻肺片、成都担担面、樟茶鸭子、元宝鸡、三大炮、五胖鸭、柠檬牛肉、酸辣豆花

武侯祠坐落于成都南部，为纪念三国时期蜀国丞相诸葛亮而修建的祠堂。

宽窄巷子。

青羊宫素有“川西第一道观”的美誉，是全国著名的道教宫观之一。

但依然留有其他朝代的建筑遗迹，是非常特别的“混合式”中国古典园林。走入其中，仿佛来到了精致典雅、清幽静谧的江南园林，整个祠宇被亭、台、池、榭点缀，古树、花径、水槛环绕，充满了诗情画意，将自然景观和人文景观进行了完美的结合。漫步其中，静静观赏，用心体味，那浓郁的文化气息扑面而来，那充满忧国忧民情怀的清瘦背影依稀可见，让人无限感怀。

有着“青城天下幽”之美誉的青城山、“川西第一道观”青羊宫、规模宏大的明蜀王陵，还有具有鲜明地域特色和浓郁巴蜀文化的宽窄巷子等都在这里，等待着我们去走进。

成都还是一个名副其实的美食王国，悠久的历史不仅为成都积淀下璀璨的文化、古老的历史遗迹，还成就了成都独一无二的美食文化。有着深厚历史渊源的川菜是我国的八大菜系之一，不仅菜式多样、味道多变、麻辣十足，而且做法精细，又注重养生，深受大家的喜爱。宽窄巷子、春熙路、锦里的美食街，以及街头巷尾的各种小吃，都会令你胃口大开、百吃不厌、流连忘返。

今日的杜甫草堂是在原草堂的遗址上建立的。

重庆 山城雾都

重庆，简称巴、渝，位于我国西南部，长江与嘉陵江交汇处，四周群山环绕，境内山地起伏、丘陵连绵，所以被称为“山城”，又因空气潮湿，一年之中雾天多达 200 天，又有“雾都”之称。重庆作为文化名城，历史悠久，旧石器时代已有人类在这片土地上活动，商周时期的巴国在这里建立，巴渝文化也于此处发祥。

⬆ 夔门又名瞿塘峡，是长江三峡中最为险峻的地方，素有“夔门天下雄”之称。

在重庆有一幅大自然赠予的绝美的山川画卷——长江三峡。长江三峡总长约 192 千米，西起白帝城，东到达南津关。在这一段不长的流域内，两岸风光旖旎，人文底蕴深厚，共同构成一幅壮美绮丽的山水画廊。其中，瞿塘峡作为长江三峡的开端，长约 8 千米，是三峡中最为险峻的地方。峡谷口两岸如削，岩壁高耸，犹如将要闭合的大门，长江水在这里由缓变急，波涛汹涌，声若雷吼，有着“镇全川之水，扼巴鄂咽喉”的气势。此处就是古时的夔门，山壁上有“夔门天下雄”的崖刻大字。瞿塘峡虽然不是很长，但是却有白帝城、犀牛望月、凤凰饮泉等美景一一呈现面前，令人目不暇接。

巫峡是三峡中最美的一段风景，西起于大宁河口，东截至官渡口，长 40 多千米。巫峡的幽深中透着秀美，有时候还有一股绚丽迷人的气质。千百年来无数的文人墨客在巫峡这段美景中留下了许多足迹。在三峡中最长的峡谷是西陵峡，西起香溪口，东到南津关，大概 76 千米长。西陵峡有很多弯弯曲曲的峡口，异常险要，如兵书宝剑峡、灯影峡等风景独特的峡谷，现今这里还建有世界上最大的水利枢纽工程——三峡工程。如此

⬆ 白帝城位于瞿塘峡口北岸的白帝山上，为西汉末年在蜀地割据一方的公孙述所建。

壮观的美景自然少不了文人墨客的吟咏歌唱，白居易、欧阳修、苏轼等历史名人都曾来这里游览，并且留下了千古绝唱。

在重庆西部的大足县境内，在一片青山绿水之中隐藏着一处艺术气息浓郁、历史底蕴深厚、闻名海内外的大足石刻。大足石刻始建于唐朝初年，在两宋时期达到鼎盛，此后历经元明清等多个朝代，至今已有1300多年的历史，源远流长。在这千百年间，大足石刻继续建造，规模不断扩大，如今占据宝顶山、北山、南山等数十平方千米，成为拥有各类雕刻5万多尊、铭文10多万字的石窟艺术宝库。这里雕刻技艺精湛，佛像形式优美，保存完好，集我国石窟艺术之大成，被人们称为“雕刻在摩崖上的古典大百科全书”“石窟艺术的殿堂”。

洪崖洞位于重庆市的沧白路，具有2300多年的人文历史，是重庆发展历程的见证，也是重庆精神文化的象征。今日的它将传统与现代完美结合，成为一处现代都市中最繁华、最时尚、最具有风情的休闲区。依山沿江而建的“吊脚楼”从解放碑一直延续到江滨，在这里既可以赏巴渝风格的建筑，也可以观洪崖滴翠，逛古城老街，品山城火锅，览两江风光。

重庆，一个看不尽、赏不完的城市。重庆的美，在历史、在文化、在美食、在美景，在过往的历史烟云中，也在未来的无限发展中。

旅游小贴士

地理位置：重庆市

最佳时节：春、秋季

旅游景点：长江三峡、大足石刻、洪崖洞、白帝城等

特色风味：重庆火锅、重庆辣子鸡、重庆过桥抄手、龙须牛肉、白市驿板鸭、鸡汁锅贴

大足石刻是石窟艺术的殿堂。

洪崖洞夜景极美，辉煌灿烂，仿若天宫。

宜宾 万里江山第一城

宜宾，位于四川盆地的西南边缘，川、滇、黔三省的交界处，是长江上游开发较早的城市之一，为川南、滇东北一带的交通要道，是物资供应与扩散的基地、南丝绸之路的起点，素有“西南半壁古戎州”的美誉。

宜宾原名僰道，古时为僰人的聚集地，秦孝文王时李冰辟山修道开通了宜宾通往蜀郡的道路，这条道路便被称为僰道，为僰道县的辖区。唐天宝年间，因其境内多僚人后又被朝廷收服，便取“慕义来宾”之意，改名为义宾县；宋太宗太平兴国元年（976 年），为避讳太宗赵光义的名讳，又改名为宜宾县；直至宋徽宗年间将僰道县名和城名均改为宜宾，宜宾之名便一直沿用至今。

进四川盆地往南抵达宜宾，亚热带季风气候在这里绘制出一派深绿的密林和人间奇幻之景，这便是中国最美的十大森林之一——蜀南竹海。覆盖在龙行飞腾的山岭之间的蜀南竹海既有幽深、秀美的意境，更有雄奇、险峻的壮观之势，享有“中国最美的十大森林”和“中国生物圈保护区”等众多美誉。4667 万多平方米的翠竹横跨四川宜宾的长宁、江安二县，整整遮盖了 500 多座山峦。远远望去，云气缭绕其中，山岭苍翠欲滴，层层叠叠、连绵不绝的竹子铺天盖地，郁郁葱葱，整个一片绿色的海洋，层层绿波随风翻涌，蔚为壮观。北宋著名诗人黄庭坚见到这汪洋如海的翠竹，也禁不住赞叹：“壮哉，竹波万里，峨眉姐妹耳！”

“中国最美的十大森林”之一——蜀南竹海。

沿着通幽曲径盘旋而上，翘首仰望，便可见山峦顶头处飞檐斗拱伸出竹林的包围，偶然传出几声沉沉的钟鸣，那就是龙吟寺了。寺院依山而建，气势雄浑，宛如腾龙盘山，横卧竹海，青瓦红砖，熠熠生辉。经庙门牌坊进入院落，禅房花草，潭影古木，空灵凝碧，香烟缥缈穿行在楼宇殿堂之间，各种石雕映入眼帘，坐佛端庄肃穆，栩栩如生，卧佛姿态悠然，闭目养神，“飞天”飘行，舞姿曼妙。

龙吟寺栩栩如生的石雕。

在宜宾市东郊的长江南岸，还坐落着一座古老悠久的小镇——李庄古镇。有着 1460 年建城史的古镇，古风浓郁，人文荟萃，古迹众多，素有“万里长江第一古镇”之称。明清时期川南的建筑艺术、栩栩如生的木雕石刻，还有它独特的牛儿灯、腰鼓、舞草龙、川剧清唱等，众多汉民族传统文化在这里孕育。

素有“万里长江第一古镇”之称的李庄古镇，古韵浓厚，古迹众多。

宜宾这个古老城市孕育了辉煌灿烂的中华文化，而源远流长的酒文化是其中最为耀眼的一支。作为中国酒文化的发祥地之一，闻名天下的五粮液使这片土地酒香四溢。“僰道出香茗，悠悠三千载”，宜宾还有着 3000 年的茶叶文化史，更是茶马古道的驿站，其茶文化悠远绵长又博大精深，令人赞叹不已。

旅游小贴士

地理位置：四川省宜宾市

最佳时节：春、秋季

旅游景点：蜀南竹海、李庄古镇、龙吟寺等

特色风味：宜宾燃面、竹筒豆花、竹菌、鸭儿粑、柏溪潮糕、芽菜

阆中 嘉陵第一江山

阆中古城位于四川省东北部，紧靠着滚滚的嘉陵江。这里不仅有风光秀丽的自然景色，2300 多年的悠久历史还为它奠定了深厚的文化底蕴，保存着唐、宋、元、明、清等各时期的众多文物古迹和“巴文化活化石”巴人舞、傩戏、川北灯戏等具有巴人遗风的民间民俗艺术。

阆中与云南丽江、山西平遥、安徽歙县并称为中国四大古城。历史上不少名人雅士对其赞誉有加，如诗圣杜甫的“阆州城南天下稀”、苏轼的“阆苑千葩映玉寰，人间只有此花新”、陆游的“城中飞阁连危亭，处处轩窗对锦屏”等，在 3 位伟大诗人的眼中，阆中是天造地设的山水格局，犹如“阆苑仙境”。而“秦砖汉瓦魂，唐宋格局明清貌；京院苏园韵，渝川灵性巴阆风”这副楹联清晰明朗地展示了阆中深厚的历史风韵。

阆中古城整齐干净、静雅别致的古城风貌展示着它悠久的底蕴，仿佛是一首古韵无穷的唐诗宋词，平平仄仄间透露出无穷韵味。其中最吸引人的就是那些纵横交错、宽宽窄窄的古街巷，以及静立的民居和绿意浓浓的古树。

轻轻推开一扇扇厚重的木门，一座座静谧而又风格独特的民居大院展现在眼前，新颖别致。在古城中保留的众多院落，如张家大院、孔家大院、马家大院等各具特色，如珍珠宝石似地被悠长蜿蜒的古街穿成一条项链，庄严而又典雅。院内的亭台楼榭恬雅宁静，窗外偶有素竹伸出，颇有几分“一枝红杏出墙来”的意蕴。石头堆砌的假山犹如嶙峋奇峰，还有那裁剪齐整的花枝树木以及花缸中嬉戏的游鱼都是不可或缺的景致，仿佛是江南园林的再现，让人不禁心情愉悦起来。在这样庭院的庭院里游走，感受到的是生活中的静谧安详和淡泊的人生追求。

沿着古老的街道来到汉桓侯祠，也就是张飞庙。祠庙始建于蜀汉末年，后来几经毁坏重建，成为今天所见的格局，是川蜀大地三国文化的一颗璀璨明珠。祠庙是四合院式，整体建筑布局规整，呈对称分布，包括大门、牌坊、大殿等建筑，是一个功能完备的祭祀祠庙。大殿内有张飞及其战马的雕塑，威风凛凛，再现张飞威武雄壮的将军本色。在雕塑两侧有《桓侯庙记》和《汉张桓侯祠》的碑刻，上面分别记录着张飞的忠义和功绩。

旅游小贴士

地理位置： 四川省阆中市

最佳时节： 4～6月

旅游景点： 巴巴寺、张飞庙、华光楼等

特色风味： 羊杂面、米粉、砂锅、张飞牛肉、红油小笼包子

张飞庙是阆中三国文化中的典型代表，也是现存的具有明清建筑风格的一组四合庭院式建筑。

华光楼是阆中现存的楼阁中建造最早且最宏伟的一个。

巴巴寺是阆中灿烂文化的又一明证，又名“久照亭”。巴巴，即阿拉伯语“祖先”之意。巴巴寺建于康熙年间，至今已有 300 多年的历史。巴巴寺规模宏大，由山门、照壁、大殿、园林等组成，而且这些建筑雕梁画栋，很是精美。大殿是寺庙的主要建筑，同时也是阿卜杜拉希的墓室。和传统的墓室不同的是，墓棺悬于室内水井之上。寺庙的顶部是苍穹式四脊攒尖的圆顶，四周门窗、梁枋、斗拱雕饰精美，风格独特。后面的花厅简洁明亮，其中画堂中储藏着许多明清大家的画作。整个寺庙景色优美，绿意盎然，古木环绕，一片翠绿，是伊斯兰教建筑中的一颗明珠。

作为“阆苑第一楼”，华光楼是阆中现存楼阁中历史最久、规模最大的一个，是阆中的标志性建筑之一。历史上的华光楼多次被毁，如今见到的华光楼是明嘉靖时期在旧址上重建的。直面华光楼，是一座跨街门楼，在上下街之间，横跨东街的南头。华光楼通高 36 米，仅石砌的底座台基就有 5 米多高，可见其巍峨。楼阁是四层的三重檐歇山式建筑，规模宏大，金碧辉煌，楼内构造繁复，藏品丰富。

临高楼俯观古城风光，美不胜收，《南楼》诗云：“三面江光抱城郭，四围山势锁烟霞。”江水环绕着古城，青山相拥着江水，阆中安恬地静卧在山水之中，笑看沧桑历史，成就生命的永恒。

巴巴寺又名“久照亭”，建于清康熙年间，至今已有 300 多年的历史。

都江堰 世界水利奇都

“岷江遥从天际来，神功凿破古离堆。恩波浩渺连三楚，惠泽膏流润九垓。劈斧岩前飞瀑雨，伏龙潭底响轻雷。筑堤不敢辞劳苦，竹石经营取次裁。”岁月无语，唯石能言，在滚滚的历史长河里，都江堰岿然不动，默默地诉说着古人的智慧与丰功伟绩。在斗转星移中，都江堰见证了千年时空的沧桑变迁，面对奔流不息、恣意昂扬的江水，都江堰如一道缰绳牢牢地扼住江水的流向，守护千里沃土。

↑南桥，原名“普济桥”，被誉为“水上画楼”，是一座雄奇壮美的廊式古桥。

走近都江堰，首先映入眼帘的是一座雄伟的廊式古木桥——南桥，桥梁沟通内江两岸，据说是清光绪四年四川总督丁宝桢用

精致华美的南桥长廊。

都江堰水利工程中的鱼嘴，江水从此处处分流。

都江堰修筑完后的剩余的银子建的。虽然南桥曾多次被毁，重建后仍保持着浓郁的古韵风味，雕梁画栋，装饰精美，成为都江堰诗画艺术的长廊，被誉为“水上画楼”“雄居江源第一桥”。

跨过南桥，走进都江堰景区入口处的离堆公园，姹紫嫣红，百花争妍，古木葱茏，错落有致的亭台楼阁掩映在郁郁葱葱之中。漫步花园，来到伏龙观的观景亭，此处是纵观都江堰渠首工程全貌的最佳位置。举目遥望，工程巨大的都江堰横跨岷江，由分水鱼嘴、飞沙堰、宝瓶口等部分组成的渠道“分流导江、筑堰引水”，形成了“长龙地上走，银河天际流”的壮丽图景。

面对这个“惊为天人”的设计，不得不让人感叹古人的智慧。这样一个完美的设计思路，从宝瓶口到鱼嘴，不过六七百米的距离，但是却引水、排沙、防洪为一体，从此成都平原成为万顷良田，“水旱从人，不知饥馑，时无荒年，天下谓之‘天府’也”。这样的创世之举，利民之工程，既简约又实用。在那个水利科学知识匮乏的年代，李冰父子却把它建造得堪称完美，寻不到丝毫瑕疵。据记载，修通“宝瓶口”就用时 8 年，按照现存的堤坝工作量计算，平均每天的进度仅有几厘米，颇显示了一个“愚公”的坚定毅力，也表明修建过程的艰辛。

安澜桥可以说是都江堰上一道魅力独特的风景线。安澜索桥又名“安澜桥”“夫妻桥”，桥梁始建于宋代以前，后经战火毁坏以后重建，被誉为“中国古代五大桥梁”之一。整座桥梁为木质结构，面为木板，栏为竹缆，后来木桥桩改为了混凝土结构，扶栏却依旧。在桥上行走时，桥身左右摇晃，脚下的激流更是让人胆战心惊。沿河而行，远近的无限风光尽收眼底，脚下河水奔涌咆哮、狂野不羁，两岸古木苍翠、青峰耸峙，一幅动静相宜的动人画面。

休闲漫步在都江堰，不由让人感叹，作为一个可以和万里长城相媲美的巨大工程，都江堰可以说是世界水利史上的一大奇观。在这逶迤陡峭的群山中，都江堰犹如菩萨手中的净瓶将鲜活的江水悄然挥洒，灌溉千万亩良田，成就天府之国。

旅游小贴士

地理位置：四川省都江堰市

最佳时节：春、秋季

旅游景点：伏龙观、都江堰、安澜索桥、离堆公园等

特色风味：赵买面小饺子、五桂桥荀春卷、玉麻、南街绿豆糕、拦马桥小排骨

乐山 东方佛都

乐山，古称嘉州，位于四川盆地的西南部，岷江、青衣江、大渡河三江于此处交汇，北峨眉、南凉山将其环绕。这座有着“海棠香国”之称的古蜀国是中国历史文化名城，世界上最大的弥勒佛坐像石刻——乐山大佛便坐落在这里；天下一枝独秀的峨眉，诉说着乐山的如画风情；上万座的汉崖墓，记录着乐山佛教文化的古老悠远。

乐山境内出土的上万座汉代崖墓是乐山悠久历史文化的承载，尤其是麻浩崖墓内的石刻浮雕和壁画，具有非常高的历史研究价值。从东汉佛教传入乐山开始，

旅游小贴士

地理位置： 四川省乐山市

最佳时节： 春、秋季

旅游景点： 乐山大佛、峨眉山、汉代崖墓、报国寺等

特色风味： 叶儿粑、卤鸭、豆腐脑、凉糕、肉包谷粑

直至东晋佛教日益繁盛。到了唐宋时期，乐山更是成为我国西南地区佛教文化的重要代表，峨眉山也成为我国四大佛教圣地之一。

乐山大佛，又叫凌云大佛，位于四川省乐山市南部的岷江东岸，与凌云寺为邻，濒临三江交汇之处。凌云山大佛开凿于唐代开元元年（713 年），历时 90 多年才完成，至今已有 1200 多年的历史。在这断断续续的开凿中，大佛逐渐成形，最终形成了一个高约 71 米的大弥勒佛坐像，成为我国最大的石刻大佛。慢慢走近，佛像之大虽在意料之中，却仍带来无比的震撼。著名诗人戈壁舟写下的诗句："山是一尊佛，佛是一座山。带领群山来，挺立大江边"果然所言不虚。这是世界上最大的弥勒佛坐像，背倚山崖，面向三江，双手扶膝，正襟危坐，沉静安详。那似闭未闭的眼眸注视着面前滚滚的江水，穿越千年时空未曾改变，仿佛阅尽人间沧桑。

十万里江山如画，一枝独秀属峨眉。风景秀丽、如诗如画的峨眉山屹立于四川盆地的西南边缘，位于神秘的北纬 30° 附近，是大峨、二峨、三峨、四峨山的总称。峨眉山的得名一是来源于其绵延柔畅的山形，远远望去，像极了女子的娥眉，青黛修长，说不出的婉转秀丽。二是峨眉山的植被丰茂，青黛幽静，终年不枯，遂引来无数诗人骚客歌颂、丹青高手描绘。峨眉山既有着俊秀挺拔、独霸天下的雄伟气势，也有着云铺幽谷，

秀丽雄奇的峨眉山。

报国寺壮观而古朴，有着悠久的历史，游览峨眉山就从这里开始。

雾掩仙峰的缥缈神姿，怪不得人们常说，“蜀国多仙山，峨眉邈难匹”。另外，峨眉山的猴子也是一道不容错过的风景线。

作为我国的四大佛教名山之一，乐山除了有让人惊叹的自然之美，文化底蕴也十分深厚。创建于明万历年间的报国寺坐落在峨眉光明山脚下，是峨眉最大的寺庙，古朴沉郁的它担任着守护峨眉的重任。华藏寺所在地——金顶是峨眉山的象征，也是峨眉山的精华所在。四面十方普贤金佛是世界最高的金佛，高大雄伟，气势非凡，伫立在金顶之上，静静地俯视着周围的云海大地、芸芸众生。这里还有壮丽无比的自然观景台，登之既可观变幻莫测的云海、瑰丽迷人的日出、奥妙无穷的佛光、美丽神圣的圣灯，还可欣赏大气磅礴的金属建筑群。天下独秀的峨眉山有着说不完的美景，诉不尽的故事，简单的语言无法描述峨眉的美，它需要你去亲身领略其风采。

乐山，这处文化底蕴深厚、景色秀美如画的地方，人杰地灵，英才辈出。北宋杰出的文学家苏轼三父子、当代“书坛怪杰”石鲁都生于此地，文学巨匠郭沫若也从此地走出。自古以来，李白、杜甫、范成大、黄庭坚、陆游等众多历史文化名人，或为官于此，或游历于此，留下了无数流传千古的篇章，为乐山增添了余韵不绝的诗意。

峨眉山金像是这里的标志之一，在灿烂的阳光下折射出耀眼的光芒。

自贡 千年盐都

盐业历史博物馆，前身为西秦会馆，规模宏大，造型精美。

自贡位于四川省南部、滏溪河畔，由自流井与贡井两个地区的合称而来。自贡因盛产井盐而闻名天下，并成为我国最富有的城市之一，并因盐而设镇、县、市，有着2000年的盐业史，是名副其实的“千年盐都”。另外，灯会、恐龙化石和井盐并称为自贡的三绝，所以它还有着“南国灯城”“恐龙之乡”的称号。

盐业历史博物馆坐落在自贡市自流井区解放路段，前身为陕西盐商集资兴建的西秦会馆，始建于清乾隆年间，是目前我国唯一专门针对盐业发展史而建的博物馆。中轴对称格局的建筑规模宏大，装饰精美，集明清宫廷建筑和民间建筑精华于一体。建筑群上装饰的木雕石刻栩栩如生，从各色人物到各种动物花鸟，数量众多，雕刻精细，技艺精湛，惟妙惟肖，令人眼花缭乱。燊海井始凿于清道光三年（1823年），完成于道光十五年（1835年），共耗时13年才打凿出了世界上第一口超过千米的深井，是中华民族古代劳动人民智慧与汗水的结晶。

新年燃灯是自贡自唐代以来便有的习俗，后经历代延续发展，到了清朝形成了“灯竿节”“狮灯场市”。直至今日灯的种类日益丰富，戏狮灯、舞龙灯、放天灯等，以灯为主题的节日也日渐形成，比如提灯会。从古至今，中国彩灯便遐迩闻名，而自贡灯会更是因其规模之庞大、种类之繁多、技艺之精湛、风情之浓烈而独占鳌头，赢得“天下第一灯”的美称。来到自贡的彩灯公园，可以欣赏如画的美景，旖旎的风光；走进中国彩灯博物馆，可以了解自贡彩灯文化发展历程，观赏彩灯建筑之辉煌。

自贡市埋藏着丰富的恐龙化石，是我国恐龙化石的重要产地之一。恐龙博物馆位于自贡市的东北部，是在世界著名的“大山铺恐龙化石群遗址”上兴建的一座规模宏大的遗址类博物馆，占地面积达 6.6 万平方米。这座远望起来仿若岩石堆积起来的博物馆内收藏着侏罗纪时期几乎所有已知的恐龙种类，为恐龙研究提供了大量珍贵的史料。这座被美国《全球地理杂志》评价为“世界上最好的博物馆”的恐龙博物馆，不仅是亚洲最大的恐龙博物馆，也是世界三大恐龙博物馆之一，被誉为“东方龙宫”。博物馆内利用现代多媒体技术，再现了侏罗纪时代恢宏壮观的场景、神秘多姿的画面，带领游客们进行一场惊险刺激的奇幻之旅。

除此之外，自贡还有很多历史遗留下来的古迹名胜和优美的自然风景，如世界第一大释迦牟尼佛——荣县大佛。历史与自然在这融汇，古朴与秀丽在此共存，这就是自贡，一座源远流长的历史文化名城。

旅游小贴士

地理位置： 四川省自贡市

最佳时节： 春、夏季

旅游景点： 盐业历史博物馆、恐龙博物馆、中国彩灯博物馆、荣县大佛

特色风味： 香辣鸭唇、口口脆、麻辣兔头、跳水蛙、葱香兔、梭边鱼火锅

自贡恐龙博物馆。

自贡素有“天下第一灯”之称，其灯会更是热闹非凡。

西南地区古城

昭化 巴蜀第一县

昭化古城位于四川省北部的广元市，是一座具有 2300 多年历史的古城。昭化古城在我国的建制历史上有着重要的地位，是我国建制活化石之城。据史书记载，战国时期秦国曾在此设立最早的县制，故此地是我国历史上最早的县治地之一。三国时期，刘备曾于此进入蜀地，驻兵建据，开启三国鼎立之势，因此此地有“蜀汉兴，隆中谋，葭萌起”的说法。后来此地又改名为汉寿，期许蜀汉能与天地日月同寿，长久保存。直到北宋初年，当时为了广收川蜀大地的民心，当政者把汉寿改为昭化，寓意宣示皇帝恩德，教化民众，并沿用至今。所以，历史悠久的昭化古城是名副其实的“巴蜀第一县，蜀国第二都”。

昭化古城曾是三国名城，也是迄今为止国内保存最好的一座三国古城。走进古城，昔日的刀光剑影已烟消云散，高高耸立的古老城楼诉说着昭化古城的辉煌。昭化古城在明朝正德年间建有 4 座城门，分别是东面的瞻凤门、西面的临清门、南面

昭化古城瞻凤门。

的临江门和北面的拱极门，如今仅存东、西、北三道古城门。瞻凤门位于桔柏渡街西端，是昭化古城的代表。

跨过古城东门就到了著名的桔柏渡街，是古城街道中最为繁华的一条，因昭化古城东门的桔柏渡而得名。桔柏渡又称桔柏津，是古蜀道上的军事要道，地理位置非常重要，历代都是兵家必争之地，三国时期蜀国的北伐和魏国南征都要经过此地。著名的葭萌坊就伫立在这条街上，坊高 8.6 米，宽 6.8 米，气势雄伟，上刻有楹联“蜀道三国重镇，天下第一太极”和精美的图案，述说着昭化古城深厚的历史文化内涵。

昭化古城被山水环绕，独特的地理环境孕育了独特的昭化古城。在群山和三江的作用下，形成了一个庞大的自然山水太极图，古城就位于山水太极的阳极鱼眼之处，因此有“天下第一山水太极”自然奇观之美誉。古城四周景色秀丽，群峦叠嶂，有“秀丽如峨眉，静幽若青城”的美誉。古城西北的翼山，形如展翅，被认为是古城的灵气之源；壁立千仞的牛头山就位于古城的西门外，山势陡峭，植被茂密，郁郁青青，景色最为秀丽。位于东南的笔架山因形似笔架而得名，景色秀美，上面的毛坪夜月是最为著名的景色。

漫步古城，可以畅想三国古战场的猎猎狼烟，感慨“滚滚长江东逝水，浪花淘尽英雄”的悲壮。当夜幕四垂之时，还可与友人小坐酒家，尽情饱览“灯火万家城回畔，星河一道水中央”的古城夜景。昭化古城的确算得上是观光旅游、休闲度假的胜地。

旅游小贴士

地理位置：四川省广元市昭化区昭化镇

最佳时节：四季皆宜

旅游景点：古城门、葭萌坊、桔柏渡街、牛头山、笔架山

特色风味：女皇蒸凉面、竹荪山菌汤、剑门豆腐

桔柏渡街上著名的葭萌坊。

西南地区古城

繁华热闹的古街。

遵义 红色故乡

遵义，位于贵州省北部，北依大娄山，南傍乌江，扼由黔入川之要塞，是中国西南方的重镇之一，也是我国的酒文化名城。这里风光秀丽，景色宜人，历史悠久，文化灿烂，是中国首批历史文化名城之一。1935 年，中国共产党在这里召开了著名的“遵义会议”。

遵义自远古时期就已有人类活动的痕迹，石斧、石网坠等古人类的生活工具在赤水河一带被发现，战国时期属于夜郎国所辖区域。遵义之名古时多有变更，初名“播州”，自唐贞观十六年（642 年）遵义之名开始出现后一直沿用至今，至今已有 1360 多年的历史。

遵义会议陈列馆位于遵义老城的子尹路，建于 20 世纪 30 年代初，原为国民党将领柏辉章的私人府邸。这座坐北朝南、砖木结构的两层楼房是主楼，融汇了中西建筑文化元素，歇山式的屋顶以小青瓦覆盖，并开有“老虎窗”，红色的走廊围栏，彩色的玻璃加上栗色的漆板，远远望去，既简洁明快又典雅大方，是

遵义会议纪念馆。

当时遵义城中最宏伟的建筑。主楼旁边的跨院则是典型的中式纯木结构四合院，优雅别致、朴素大方。

赤水古城坐落在历史悠久的赤水河畔，依山傍水，自古便是黔北川南的重镇和物资集散地，其古城墙建于明朝末年，已经历了 400 多年的风雨沧桑，其中有约 830 米长的古城墙依旧保存完好，屹立于滚滚东去的赤水河岸守护着这座古城，也记录着这片土地上的历史变迁和曾经的光辉岁月。

湘山寺雄踞于遵义市中心的湘山之上，始建于唐代宗大历年间（766 年），1200 多年来，几经易名，唐朝的万福寺、元代的护国寺、明时的湘山寺、清朝的双泉禅寺等，只有湘山寺之名一直沿用至今。这座千年古寺四周古木环绕、繁花点缀、梵音空明，掩映在绿树红花中的寺庙建筑古朴典雅，清幽宁静中透露出浓浓的禅意。置身寺中，举目远眺，视野开阔，奔流不息的滔滔江水尽入眼帘，壮丽无比，令人心潮澎湃。

遵义不仅有美丽的风景、古老的建筑，还有众多吸引人的节日活动，可以令你感受一番当地独特的民族风情。踩山节是当地盛大的节日，每年的正月初一到十五举行，在震天的锣鼓声和悠扬婉转的芦笙乐中，男女老少皆欢快地唱歌跳舞，还有舞动的狮灯，熊熊燃烧的篝火，通宵达旦。除此以外，最传统的砍火星节、仡佬族祈祷祝福的祭山节和庆祝丰收的吃新节等，多姿多彩的民族文化和民俗风情为这片土地增光添彩。

旅游小贴士

地理位置：贵州省遵义市

最佳时节：夏、秋季

旅游景点：遵义会议会址、赤水古城、湘山寺等

特色风味：遵义豆花面、遵义羊肉肠、空心面、合马羊肉、南白黄糕粑、田三蒸饺

湘山寺大雄宝殿。

镇远 太极古城

舞阳河畔的镇远是一个古老而又美丽的历史文化名城，以人杰地灵和山川秀美闻名天下。历史文化、民俗风情在这里得到了完美的融合，名胜古迹在这里处处可见，曲径通幽的古街古巷、错落有致的楼阁石桥，无不展现着古城的魅力，诉说着古城的岁月沧桑。

群山环绕，山水相依，独特的自然环境为镇远赢得了“东方威尼斯”的美誉。

群山环绕中的镇远异常小巧，高大的石屏山犹如一座锦绣屏风，高高耸立在古城的北侧，抵挡住了从北面而来的寒风。舞阳河如一条碧绿的腰带穿城而过，将古城一分为二，南北两岸卫城和主城相互守护，形似一个巨大的太极图，故镇远又被称为“太极古城”。两岸连绵的青山与蜿蜒的流水一起组成“九山抱一城，一水分府卫”的独特景观，被赞为“东方威尼斯”。

向西绵延数千里的舞阳河风景区是舞阳河流域中自然风光最美的一段。四周之景倒映在碧绿的河水中，如一幅美丽的山水画廊，独具特色的悬崖幽谷、奇峰怪石、茂林修竹吸引了众多的游客。泛舟其上，船移景异，火烧赤壁、孔雀峰、将军柱、金龟望月……一一呈现在众人面前，变幻无穷的景观令人目不暇接，其中尤以自然天成的孔雀峰蔚为壮观。

景色奇诡的青龙洞位于舞阳河畔，是一个由十几座崖洞组成的古建筑群，规模庞大，十分壮观。青龙洞修建于明朝初年，主要分为万寿宫、中元洞、祝圣桥、青龙洞、紫阳洞和香炉岩六个部分。青龙洞是我国唯一一处集佛教寺庙、道教殿堂和儒家书院于一体的古建筑群，与麦积山石窟和恒山悬空寺并称为“中国古代三大空中建筑群”。因为青龙洞依山临水，所以大部分崖洞都错落分布，有的位于山巅、有的镶嵌于山崖、有的隐藏于山底，形态各异。其中最为引人注目的莫过于玉皇阁了，玉皇阁是一座凌空建于青龙洞洞口的悬空楼阁，地势非常险峻。这种在悬崖洞口建造的楼阁可谓青龙洞古建筑群中最独特的单体建筑。构思巧妙的设计不仅使玉皇阁成为悬空阁楼，而且还成为当地著名的景观。

青龙洞背靠青山，面临绿水，贴壁临空，五步一楼，十步一阁，翘翼飞檐、雕梁画栋，十分精巧。

沿着镇远城边的小道走向远方，爬过不算太高的山峰，一条清澈见底的河流倏然出现在眼前，这就是铁溪。铁溪又名铁山溪，在距离镇远城北约 1 千米的地方，经过 21 千米的流淌，最终汇入舞阳河的怀抱，四周环绕着大面积的原始混交林。铁溪素来以优美的自然风光著称，澄如明镜的龙池深不见底，它仿佛有一种神奇的魔力，吸引着众人的目光，被人们称为“云贵高原小九寨”。

历史悠久的镇远，别具风格的古建筑鳞次栉比。

华灯初上的镇远没有了白日的喧嚣，沿江而建的房屋亮起了大红灯笼，红的、黄的、绿的……各种色彩相互搭配，好像七色的彩虹在舞阳河中飘荡，此时的镇远渐渐变得宁静安详。古镇内临水而建的戏楼，经过风雨的洗礼依然屹立不倒，只是更添了沧桑的历史感。看着眼前斑驳的墙壁，脑海中不由想起鲁迅先生的《社戏》，那爽朗的笑声和悠闲的生活，仿佛就在眼前，宁静恬淡的氛围无愧其“人类疲惫心灵的最后家园”的美誉。

镇远，一座历经千年沧桑的古城，它从旧时光中向我们走来，仿佛遗落人间的精灵，向世人展示它古雅婉约的韵致、生动的民族文化和奇特的山水魅力。

伴随着镇远走过漫长历史的古城墙，厚重沧桑。

旅游小贴士

地理位置： 贵州省黔东南苗族侗族自治州镇远县

最佳时节： 四季皆宜

旅游景点： 青龙洞、舞阳河、铁溪风景区

特色风味： 陈年道菜、油炸粑、红酸汤、豆花火锅、肠旺面

铜仁 黔东门户

在贵州省东北部的武陵深处，坐落着一座历史悠久的“中国西部名城”，占据着中南地区通往西南边陲的交通要道，素有“黔东门户”之称。千年来，武陵先人们在这片土地上开疆拓土、发明创造、筑屋耕地，创造了辉煌灿烂的文明历史，独特的民俗风情、文物古迹和秀丽风景在这里交相辉映，书写着铜仁不朽的传奇。

铜仁原名为铜人，相传，在元朝时期当地的渔人在打鱼时，曾于铜岩处潜入水底，无意之中打捞到儒、释、道三尊铜人，故城得名“铜人”。后到明洪武五年（1372 年）改名为铜仁，至此定名，并一直沿用至今。

铜仁的夜景。

铜仁古城位于铜仁市的腹地，规模宏大，占地面积达 36685 平方米，建筑也极具特色，是明景泰二年（1451 年）知府朱铿建造的，后经历代不断地完善与扩建形成了九门、三街、六巷的格局。整个古城三面环水，一面傍山，地势险要，易守难攻，占据着重要的军事地位，是守卫黔东、遏制南夷进犯的门户。走进古城内，高低错落的民居、店铺、望楼、宗祠等沿着街巷形成南北走向的格局，长长短短的街巷纵横交错，状如棋盘。这些街巷沧桑古朴，蜿蜒曲折，青砖黛瓦的建筑清新质朴，走进深处，才能领略古城处处透露出来的深厚内涵。

在铜仁市城东的观音山上，隐藏着一处天然的喀斯特溶洞——九龙洞。九龙洞的由来十分奇幻，带有极其鲜明的东方神话色彩。相传古时的 6 条黄龙与锦江中的 3 条青龙相约于此洞中相见，9 条龙一进入洞中，皆被眼前这如蓬莱仙境般的美景所震撼了，心中的贪欲也随之而出，都想将此地占为己有，争吵不休的它们直到天亮也没有得出结果，而且也无法回到自己的住处，只能盘踞于洞内的彩柱上，再也无法离开，“九龙洞”之名便由此而来。走进洞内，流水淙淙，银瀑飞溅，石映水中，虚实难辨，数不尽的石钟乳千姿百态，或如层层的“梯田”，或似远近的村落，巧夺天工，在各种色彩灯光的照耀下五光十色，宛如梦幻般的龙宫，壮丽非凡，为贵州省的十大风景名胜之一。

具有浓郁地域特征的民俗风情是铜仁的一大特色。侗族最传统的节日“三月三”、团圆热闹的“六月六”、历史悠久的“石阡说春”、精彩万分的“上刀梯”和绚丽多姿的“毛龙节”等，构成了铜仁居民多姿多彩的生活画卷，也将古老民族的文化特色淋漓尽致地展现出来。

旅游小贴士

地理位置：贵州省铜仁市

最佳时节：春、秋季

旅游景点：铜仁古城、九龙洞等

特色风味：社饭、米虾、锅粑粉、糖麻圆、糖醋芝麻冰凉粉、折耳根

九龙洞是一个大型的天然喀斯特溶洞，洞内钟乳石林立，千姿百态，五光十色，晶莹剔透。

昆明 梦境天堂

昆明位于云贵高原中部，三面环山，南接天池，是中国走向南亚、东南亚的门户，也是我国西南地区集商贸、旅游于一体的中心城市之一。昆明四季如春，鲜花常年盛开，被誉为“春城”。优美的风景、多样的风情、悠久的历史、遍地的芬芳，仿佛是美丽的童话世界，却是昆明最真实的表述。

在昆明市东川区隐藏着一片被称为“世界上最有气势的东方红土地”。看着这漫山遍野的红，不禁心生疑问，这里难道真的是大自然遗留下的红色调色板？在若干亿年前，大地运动发生了巨大的裂变，运动的地壳相互挤压、隆起，各种元素聚集，特别是铜和铁元素在日积月累、风雨侵蚀、阳光照射下逐渐沉淀下来，使得这里的土地颜色更加的浓郁红润，形成了现在这奇异瑰丽的色彩。可见这里虽不是大自然遗留的调色板，却也是天造地设、岁月积累而成。东川红土地上的诸多景观较为集中，其中尤其以

优美的自然风光。

红土地大观、月亮田、螺丝湾、打马坎等最为著名，几乎是游人的必到之处。

石林位于昆明市石林县境内，这是一片石的森林、石的海洋，丛丛簇簇、绵延不绝，置身其中，不得不惊叹于大自然的无边伟力和神奇妙想。这一处天造的奇观——石林，经过 2 亿多年的地壳运动和风剥雨蚀，终于成为今日的多彩石林。石峰、石柱、石屏、石流……数不胜数，一座座、一支支、一丛丛，奇峰罗列、怪石嶙峋，这精彩绝伦的景观，被誉为“天下第一奇观”“石林博物馆”。大石林是石林景区最主要的景观集中地，莲花峰、双鸟渡食、象踞石台、犀牛望月等石景栩栩如生。还有小石林内的阿诗玛等，不同于大石林之景，自成一体。在这一片仿若神来之笔的奇景之中，那一丛丛、一座座的奇峰怪石仿佛被赋予了生命与灵魂，诉说着阿诗玛动人的故事，谱写着不朽的传奇。

连绵不绝的东川红土地是大自然描绘的一幅壮丽奇美的画卷。

群峰林立，直刺天空的石林。

滇池位于昆明市的西南，广阔的水域面积使其成为云南地区最大的淡水湖。关于滇池名称的来历众说纷纭，有人说是源于古时候附近的“滇”部落，另一种说法是古时候的滇池水是倒流的，“滇”同“颠”取名滇池。不管因何而得名，这些都说明滇池悠久的历史。面积广阔的滇池并不是规则的圆形，而是向东弯曲的弯月状，而且在偏向东北部的地方还有一条悠长的沙堤将湖水分为内外两湖。滇池周围的景色众多，北邻大观公园，与西山森林公园相望，海埂公园、云南民族村、民族博物馆等景致环绕周围，互为映照，成为昆明地区有名的休闲度假风景区。

滇池是云南省最大的淡水湖，有“高原明珠”之称。

除此之外，还可以来到云南民族村感受一番当地的民族风情。在民族村内聚集着 25 个少数民族的村寨，造型奇特的建筑、充满情调的民族服饰以及丰富多彩的文化民俗都在这里缤纷展现。在这里，不同的时节有着不同的节日活动，2 月纳西族的“三朵节”、3 月白族的“三月街”、4 月傣族的“泼水节”、6 月彝族的“火把节”……多姿多彩的少数民族文化为美丽的昆明增添不少的光辉。

旅游小贴士

地理位置：云南省昆明市

最佳时节：春、夏、秋季

旅游景点：石林、东川红土地、滇池、云南民族村等

特色风味：过桥米线、凉米线、罐罐鸡、卤鸭子、小白鱼、毛肚、云南臭豆腐

大理 山水天堂

大理以其独特的韵味深深印入许多人的脑海，武侠小说《天龙八部》中大理世子段誉温文尔雅，举止有礼，诗书满腹，玉树临风，又武艺高强，可谓是侠名远播。其中最让人津津乐道的便是他与王语嫣的浪漫爱情。才子佳人的故事让人久闻不厌，回味不绝，神秘的大理古城也因此成为众人魂牵梦萦的地方，许多人渴望在这里邂逅浪漫，寻找属于自己的梦。

大理是云南大理白族自治州的首府所在地，自南诏国开始一直都是云南地区的政治、经济和文化中心，在长达 500 多年的历史中，大理不断改造、扩建、完善。悠久的历史和璀璨的文化给大理留下了丰富的文物，大自然的慷慨赠予更为其增添无限风光。

漫步大理就好像在品味一段厚重的历史，神秘且充满无穷的魅力。作为一座历史文化名城，外雄内秀，具有浓厚的历史韵味。古城始建于明洪武年间，外形方正，初建时四面建有城楼，敦厚的墙体连接四方，显得古朴大方。城内街道纵横，素有“九街十八巷”之称，深街幽巷，青瓦白墙，别致而又优雅。走在古城里，清泉叮咚，游人如织，在雅致中尽显清新明丽、光彩照人。悠然漫步，有几座古建筑很是引人注目，被誉为“天下第一楼”的五华楼是南诏国的国宾馆，饱经沧桑，吸引了众多的游人驻足欣赏。人杰地灵的文献楼始建于康熙年间，独具匠心的建筑风格雄奇壮丽，极富白族的建筑特色。

在大理，最引人瞩目的莫过于崇圣寺三塔了，这是大理的标志。三塔始建于南诏丰诺年间，至今已有两千多年的历史。主塔千寻塔高 69.13 米，南北两座小塔高 43 米。三塔历经千年的风霜雨雪，时至今日依旧巍然耸立，气势磅礴，正是古人在塔基上所题写的“永镇山川”的写照。

外雄内秀的大理古城，东临清澈如碧的洱海，西连高大巍峨的苍山，四季如画，景色秀丽。在这幅多姿多彩的画卷上，大理古城犹如一朵朵娇艳盛开的花瓣，各具其色，芬芳迷人。下关的风犹如大理白族姑娘手中轻柔的手绢，带着缕缕的香气，轻轻拂过游人的脸颊，温柔而又浪漫，仿佛要留住每一个不羁的心灵。

五华楼在古时是官方聚会宴请贵宾的地方，几毁几建，如今的楼阁是现代重建的。

崇圣寺三塔雄浑壮丽，是苍洱胜景之一，也是大理的标志。

旅游小贴士

地理位置： 云南大理白族自治州

最佳时节： 四季皆宜

旅游景点： 大理古城、苍山、崇圣寺三塔、洱海、蝴蝶泉

特色风味： 饵块、白族“土巴碗”、砂锅鱼、乳扇、生皮

下关的风无论何时都是干净、轻柔的，清风拂面，不染尘埃，即使是你迎风走来，也不会吹掉你的帽子。上关位于苍山脚下广阔的草甸上，每当春夏之时，满地的花草争相摇曳，姹紫嫣红。上关花是指名为“十里香”的花树，形如莲花的花朵圣洁高雅，每当清风吹拂，香飘阵阵。

苍山是大理不可或缺的景致。雄伟而又壮丽的苍山高高耸立在大理境内，远远望过去，好像一条在灿烂阳光下飞舞的苍龙，泛着莹莹金光。洱海，犹如湛蓝的宝石静静地镶嵌在苍山之畔。风光明媚，波光粼粼，点点渔船在湖面荡漾，每当月圆之夜，月华似练，与平滑如镜的湖面映照，恰似天上瑶台。

在白族人民心中，蝴蝶泉有着特殊的意义，它是爱情和忠贞的象征。在每年的蝴蝶会上一直流传着这样的习俗，年轻的男女们将石头丢进泉水中，凭借声音来寻找另一半。所以当你在美景中徜徉的时候，千万别忘了，转身看看，也许和你相视一笑的目光里，就藏有一段浪漫的相遇。

在大理，你需要有着宁静的心情才能领略它的美：苍山洱海的秀丽风光，崇圣寺三塔的禅悟佛性，三道茶里深藏的哲思……这里蕴藏着无数尚未发掘的美景。当你再次回首远望大理，就会发现这里的种种都在自己的人生路上留下深刻的烙印。

晚霞映照的洱海，烟波浩渺，非常秀美。

建水 文献名邦

地处彩云之南的建水古城虽地处边陲，却有着浓郁的中原风采，是一个历史悠久的古城。建水在其悠久的历史上一直都是云南西部有名的政治文化交流中心，交通发达，文化昌盛，有着“滇南邹鲁”“文献名邦”的美称。

虽然地处边陲、远离文化底蕴深厚的中原江南地区，但是建水也有深厚的文化底蕴，保留着众多文物古迹。这里有和天安门相媲美的千年名楼朝阳楼，有我国著名的大型古桥双龙桥，有我国著名的国家级文物建筑指林寺，有被誉为“滇南大观园”的清代民居建筑朱家花园，还有亚洲最为壮观的天然溶洞燕子洞……这里更是我国四大名陶中紫陶的故乡。由此可见，古老的建水不仅是人文景观的集中地，也是自然美景的汇聚地。

巍巍的建水有着雄伟城墙，四面各具特色的城门守护着这座千年古城，门前或是巍峨青山，或是涓涓溪流。城中有着众多的

装饰精美、古朴典雅的朱家花园。

古朴的朝阳楼。

建水文庙是全国首屈一指的大型文庙，国家级文物保护单位。

双龙桥，俗称“十七孔桥”，坐落于建水古城城西 2500 米处，横跨泸江与塌冲河交汇之水面上，是云南省著名古迹之一，已被列入中国造桥史册。

文物古迹，古风意蕴非常浓厚。东门是古城的象征，又叫作朝阳楼。朝阳楼建造年代久远，比天安门还要早，历经千年风雨依然屹立不倒。浑厚雄伟的城墙和巍峨的门楼让其有“小天安门”的美誉。

行走在小镇中，饱含着极深的文化内涵的一眼眼老井出现在众人面前，因此这里形成了独特的古井文化。古镇中老井遍布，相对比较密集。五花八门的水井在眼前一 一划过，有方形的、圆形的、扇形的、菱形的，还有月牙形的。每个井都有一个韵味深厚的名字，其中较为有名的有溥博、渊泉等。坐落在古城西边的溥博井在众多古井中非常特殊，有着“滇南第一井”的美誉。此井水质甘洌清澈，百年里从未枯竭，最让人惊奇的是烧开的水没有水垢，因此常被人用来煮茶。

虽地处西南边陲，但建水却是文化昌盛之地。这里的文庙规模宏大，仅次于山东曲阜和北京的孔庙。由此可见当地对科举的推崇和对文化的重视。建水文庙坐北朝南，基本上依照曲阜孔庙的格局设计建造，规模宏大，雕琢精细，可分为一坛、二殿、三部长、四门、五亭、六祠等。每到农历八月二十七便会在文庙举行祭孔活动，人们纷纷来此祭拜，以表达对孔子的虔诚敬仰。

双龙桥是去往古城的必经之路。双龙桥是一座三阁十七孔的大型古桥，在桥上两座建造华美的阁楼交相辉映，形成“楼中有楼，楼楼相映”的建造格局，是我国桥梁建造史上杰出的代表作。桥端的阁楼较小，而桥中的阁楼则大而壮观，因此享有“滇南大观楼”的美誉。漫步在双龙桥上，近可看完好无损的桥墩，远可观丰收的景象和闲适的村民，以及田野中漫步的牲畜。如今古人已不在，但是桥还在，矗立在桥上的阁楼也还在，伸手触摸那些凝聚着古人智慧结晶的石头，心中的敬仰之情油然而生。

古韵悠悠的建水犹如温润的君子身穿传统的民族长袍，手捧厚重的历史书籍，口中念念有词，在现代文明社会中往来穿梭，却始终秉持其古雅本色而未改。

旅游小贴士

地理位置： 云南省红河州建水县

最佳时节： 四季皆宜

旅游景点： 建水城门、朱家花园、指林寺、文庙、双龙桥

特色风味： 泡糕、过桥米线、米豆腐、曲江烧鸭、凉勺粉、草芽、燕窝酥

泸州 中国酒城

“城上人家水上城，酒楼红处一江明。御杯却爱泸州好，十指寒香给客橙。”泸州，一座依水而建的古城，因独特的地理位置，得天独厚的自然条件，孕育出了独一无二的泸州老窖酒和郎酒，满城飘荡着浓郁醇厚的酒香，是一座名副其实的“酒城”。

泸州古称江阳，位于四川省东南部，自古城镇多依河而建，泸州这座历史悠久的古城也不例外，建立于长江和沱江交汇处，优越的地理位置，便利的交通条件，使它成为长江上游重要的港口城市和川南地区的经济文化中心。泸州自西汉景帝六年（151 年）设置江阳县始，已有 2000 多年的悠久历史，并在此期间创造出众多璀璨的文化，遗留下无数的名胜古迹。

位于泸州市中心的报恩塔。

坐落在泸州城区内的报恩塔是泸州的一道风景线。报恩塔俗称白塔，这座俊秀挺拔、呈八边形的高塔是典型的砖石结构，是

旅游小贴士

地理位置： 四川省泸州市

最佳时节： 春、秋季

旅游景点： 报恩塔、龙脑桥等

特色风味： 泸州白糕、刘黄粑、古蔺麻辣鸡、红桥猪儿粑、泸州老窖

泸南安抚使冯楫为报母恩于南宋绍兴十八年（1148年）修建的，高33.2米，后在明清年间皆进行过修缮，至今保存完好。通体洁白、逐层上收的七级楼阁式报恩塔坐西向东，塔内刻有浮雕造像以及各种鸟兽，线条流畅、形象饱满、栩栩如生，具有较高的艺术价值以及历史研究价值，也是泸州的标志性建筑之一。

泸州不仅是声名远扬的"酒城"，还是古老悠久的"龙桥之乡"。因泸州城内有长江横贯东西，沱江、赤水河、龙溪河、永宁河等众多河流纵横交错、密织如网，所以古桥便成了这座城市不可缺少的景致，大大小小数百座明清古桥将整座城连为一体。其中，最具代表性的便是横跨于九曲河之上的龙脑桥，建于明洪武年间，600多年来历经风云变幻，却一如往昔，稳如磐石，书写着中国古桥的风韵。作为我国最大的龙雕石梁板桥，设计科学、结构完美，中部8座桥墩上雕刻的四龙、二麒麟、一狮、一象4种瑞兽精致细腻、形象逼真，给人一种恢宏大气又古朴持重之感。这是一座集桥梁建筑、造型设计和雕刻艺术于一身的中国古代桥梁，完全可以与卢沟桥和赵州桥相媲美，是明代大型石雕桥的罕见之作。

泸州自然条件优越，盛产稻米、小麦、高粱等农作物，并拥有优质的泉水，为酿酒业的发展提供了便利的条件。自汉代起，泸州的酿酒业就已十分兴盛，技艺经过历代的传承与发展已逐渐纯熟，成为业界内真正的"久香"大曲、公认的浓香鼻祖。泸州老窖也已走过400多年的漫长岁月，"中华第一窖"之誉名不虚传，醇香浓郁的美酒让人回味无穷。

在泸县有数百座明清时期的古桥，其中以龙脑桥最为著名，龙脑桥被誉为是一座可以和卢沟桥和赵州桥相媲美的中国古代桥梁。

丽江 浪漫古城

时间在这里停滞，慵懒像潮湿的雾气，到处弥漫，闲适侵入每一寸石，每一滴溪水，从街巷穿进城市的深处。善良的姑娘微笑着从你身旁经过，像柔和的春风醉人，专注于手工的民族少年，认真得仿佛在制作无价的珍宝……这就是丽江古城。

丽江地处金沙江上游，这里自然环境优越，山水秀美，景色宜人，历史文化更是悠久绵长，是古代羌人后裔纳西族的故乡。丽江古城坐落于丽江坝的中央。丽江古城，面积约 7 平方千米，海拔 2000 多米，始建于宋元，盛于明清，是一座没有城墙的古城，1997 年被列入《世界文化遗产名录》。悠久的历史、灿烂的文化和独具特色的民族气息使这座古城成为世人所向往的地方。

经年流转的水车为丽江古城带来灵动的美。

旅游小贴士

地理位置：云南省丽江市

最佳时节：四季皆宜

旅游景点：四方街、木府、五凤楼等

特色风味：黄豆面、丽江粑粑、鸡豌豆凉粉、东巴烤鱼

四周群山环绕，绿水相依，依山傍水的丽江古城散发着一种迷人的气息，有着千年历史积淀下来的厚重沧桑，也有着乡村的闲适自然，每一个来到此处的人都会被它深深吸引，久久迷恋。

初入丽江，浓浓的古城韵味便扑面而来，相互伴依的两架大水车，年复一年，日复一日的悠悠转动着，见证了古城千年岁月的变迁。错综的街道互相交叉，偶有身穿民族服饰的少女穿梭其间，不似都市里的行色匆匆，她们脸上洋溢着欢快的笑容，纯真的笑容能令人忘记烦恼和忧虑。一个地方若是缺少了水，就会缺乏了灵气，而水便如血脉，滋养着丽江这座远离世俗的古城。美丽的玉河穿城而过分成无数细小的溪流，遍布古城的大街小巷，迎风飘摇的杨柳好似少女舞动的身姿，为宁静的古城增添了些许韵律动感之美。

来到丽江，不可不走流水小桥，不可不观经历沧桑的木府。一部《木府风云》让这座丽江的“紫禁城”广为人知，透过它仿佛在观看云南土司家族的兴衰史。历经沧桑变化的木府经过重建之后，犹如凤凰涅槃，向世人展示其独特的魅力。有学者曾说“不到木府，等于不到丽江”，足可见木府在丽江的重要地位。木氏土司家族自元代就已存在，后又经历明、清两朝的经营，木府宅

秀丽典雅的丽江古城。

院规模之宏大，建筑之辉煌，装饰之精美，令人叹为观止，就连旅行家徐霞客游历木府之后都曾赞叹：“宫室之丽，拟于王室”。整座木府坐西朝东，寓意“迎旭日而得大气”，木府内建筑布局严谨，气势宽敞的议事厅，藏万千文化精粹的万卷楼，歌舞宴乐的玉音楼……

这座丽江古城中的“紫禁城”坐落在城南一隅，并没有按照中国传统的“居中为尊”的建造格局，居中的反而是四通八达、商贾云集的四方街。四方街是丽江的经济文化中心，依山势而建的五彩石花街纵横交错，众多的文物古迹给这里增添了些许文化气息。来到这里，抬眼望去，鳞次栉比的古建筑处处彰显着明清时期的建筑特色，看似古朴，不事修饰，其实里面却异常秀美、精巧，再加上遍布古城的花木盆景，使整座古城享有“山城无处不飞花”的美誉。

白天的古城秀丽典雅，夜晚的古城躁动与安然并存。流光溢彩的灯光把河边的翠柳和流动的小溪渲染出无限的风情，不乏大都市的喧嚣热闹，并且别有一番韵味。若是想寻一处安静之所，怕要耐着性子细细找寻，也许转角便会遇到你的理想之地。杨柳微风中，或静静而坐，或与朋友喁喁细语，或漫步而行，好不惬意。

万卷楼可谓木府的精华，高大巍峨，显示着木府昔日的辉煌。

四方街在古城的中心，道路都是由彩石铺成的，这里独特的商业文化吸引了众多的游客前来。

拉萨 日光圣城

纯净湛蓝的天空下，拉萨这座海拔 3700 米的“日光城”圣美高洁，雄伟的布达拉宫、古老的大昭寺、庞大的哲蚌寺……都彰显着悠久绵长的藏族宗教文化。拉萨这个历史文化名城，以风光秀丽、历史悠久、风俗民情独特、宗教色彩浓厚而闻名于世。皑皑雪山、碧波清流、千里碧草、成群牛羊、辉煌殿堂、五彩经幡，还有动人的传说、美丽的故事，都在这片神奇美丽的土地上生动延续。

拉萨在藏语中意为“圣地”或“佛地”之意，它是中国西藏自治区的政治、经济、文化和宗教中心。雄伟壮观的布达拉宫是西藏地区政教合一的最高权力象征。

雪域高原上的五彩经幡。

这座神秘的宫殿坐落在西藏的玛布日山上，是松赞干布为迎娶文成公主和尺尊公主而建，建于公元 7 世纪，至今已有 1300 多年的历史。依山而建的布达拉宫层层叠叠，与山体仿佛融为了一体，宏伟壮观。宫殿主体分为白宫和红宫，红宫居于中间，白宫分散在两翼，红白相间的墙壁，加之金碧辉煌的顶端，从远处望过去，色彩对比明显，具有强烈的艺术效果。彩色壁画和雕塑是布达拉宫的一大特色。内部宫室、殿堂处处都有壁画和雕塑，就连居住的地方也绘有幔帐和墙裙。壁画丰富多彩，雕塑更是精细传神，或辉煌壮丽，或典雅庄重，表现了藏族人民高超的绘画技艺，是藏族文化艺术的宝库。山头的五色经幡随风飘扬，显得布达拉宫极为神秘悠远。身着藏袍、手持经纶不停转动的藏民，永远是这里最独特的风景。布达拉宫这座“世界屋脊的明珠”，是人们梦中的天堂。

位于拉萨老城区中心的大昭寺是西藏地区最古老的寺庙，始建于唐贞观二十一年（647 年），至今已有 1350 年的历史，是西藏地区最早的土木结构建筑，也代表着吐蕃最辉煌的过去。在大昭寺门前的小广场上有一块 3 米多高的石碑，这就是著名的唐蕃会盟碑，唐长庆三年（823 年）用藏汉两种文字刻写，见证了唐蕃人民和平共处、世代友好交往的岁月。大昭寺是藏式宗教建筑的典范，不管是建筑布局还是庙宇结构都与汉式佛教建筑不同，融合了唐、藏、尼泊尔和印度的建筑风格。漫步在寺内，各个建筑、佛塔、佛像、壁画触目皆是，那精湛的雕琢技艺仍让人心生赞叹。即使不是佛教信徒，也会喜欢这座具有历史沧桑感的大昭寺。

哲蚌寺坐落在拉萨郊外的根培乌山上，依山就势绵延千里，占地约 25 万平方米，共有七大僧院，气势恢宏，蔚为壮观。它始建于明代永乐年间，与甘丹寺、色拉寺并称拉萨三大寺，它是格鲁派中最崇高的寺院，也是藏传佛教中最大的寺庙。其中最有名的建筑便是甘丹颇章和措钦大殿。甘丹颇章是一至五世达赖喇嘛居住的地方，寺院管理层的驻地，它如同一座城堡，屹立在寺院之中，四周高墙耸立，守护着内部的秘密。措钦大殿内部供奉有哲蚌寺的主要信仰物——右旋法螺，站在辽阔的广场上看去，17 级石阶上 8 根廊柱顶天立地，色彩明艳，引人注目。

远远回望，飘扬的经幡、朝圣的人流、转动的经筒、银海般的佛灯，嘈杂中凝聚着虔诚，肃穆中掩藏着神圣。静静伫立，默默感受信徒的那份虔诚，心内的浮躁与戾气想必也稍稍消退了些吧。

旅游小贴士

地理位置：西藏自治区拉萨市

最佳时节：夏、秋季

旅游景点：布达拉宫、大昭寺、哲蚌寺、八廓街等

特色风味：藏面、甘孜黄凉粉、拉萨酥油茶、拉萨青稞酒、风干牛羊肉、糌粑“蜕”炸灌肺、藏族酥酪糕

西南地区古城

大昭寺。

哲蚌寺与甘丹寺、色拉寺并称拉萨三大寺，它是格鲁派中最崇高的寺院。

日喀则 土地肥美的庄园

高天流云下山川静默，亘古如一。

在西藏的西南部，雅鲁藏布江与其支流楚河的交汇处诞生了一片美丽肥沃的土地——日喀则，全名溪卡桑珠孜，藏语称溪卡孜，意为“土地肥美的庄园”。因它所处藏区位于雅鲁藏布江的上游，故习惯上被人们称为后藏。拥有 600 多年建城史的日喀则是西藏的第二大城市，自古以来便是后藏重镇，也是后藏曾经的政治、文化、宗教中心。

来到日喀则这片美丽的土地上，抬头便是湛蓝的天空、洁白的云朵，纯净得无丝毫杂质，还有那美丽的雪山、碧绿的草地、清澈的溪水、鲜艳的狼毒花，以及独具特色的后藏风情，所有这一切都令人心情舒畅，想要尽情地欢唱、自由地奔跑，怪不得人们称它为“最如意美好的庄园”。

扎什伦布寺又被称为“吉祥须弥寺”，全名“扎什伦布白吉德钦曲唐结勒南巴杰瓦林”，藏语译作“吉祥须弥聚福殊胜诸方州”，是日喀则的标志性建筑。它是西藏日喀则地区最大的寺庙，尼色日山上最亮的一颗星，与甘丹寺、色拉寺、哲蚌寺合称为格鲁派的“四大寺”。依山而建的寺院宫墙像游龙随着山势的起伏绵延几千米，守护着宁静神秘的寺院。寺内建筑错落有致，紧密相连，分布着57间经堂，3000多间房屋，气势恢宏，让人叹服。其中最著名的便是大弥勒殿，殿中供奉着弥勒坐像，相传此佛像由九世班禅确吉尼玛主持铸造，高达26.2米，包含115000千克黄铜和279千克黄金，仅佛像的双眉就嵌有1400多颗钻石珍珠，举世罕见，毫无争议地成为世界上最大的铜佛坐像。

扎什伦布寺建在尼色日山上，是日喀则地区的象征。

在日喀则境内还有一处闻名全球的世界之最——珠穆朗玛峰。珠穆朗玛峰位于喜马拉雅山脉的中段，四周环绕着众多的山峰，其中有数十座山峰的海拔在7000米以上，也因此这里成为世界上规模最宏大的高山群之一。山峰终年冰雪覆盖，云雾缭绕，大部分时间里都是狂风大作，雪花冰雹从天而降。偶尔的晴朗天气里，万里无云，晶莹剔透的冰峰在阳光的照射下犹如镶嵌了一层金箔，仿佛头戴金色的王冠，静美中又透着王者的威严与霸气，这就是珠穆朗玛峰的美景之一——日照金山。千百年来，8844.43米高的它犹如一位梦幻女神静立在这片雪域高原，成为一个不朽的传说。

世界屋脊——珠穆朗玛峰。

日喀则除了美丽的自然风光、厚重的人文历史积淀，还有历史悠久、技艺精湛的手工业，从寺庙建筑到百姓生活用品，从金属制品到木制品，都具有浓郁的民族风情与地方特色；雪域高原的人们豪迈热情，能歌善舞，来到这里就仿佛来到了歌的世界、舞的海洋，身上的每一个细胞都会活跃起来。

旅游小贴士

地理位置：西藏自治区日喀则市

最佳时节：夏、秋季

旅游景点：珠穆朗玛峰、扎什伦布寺、羊措雍湖等

特色风味：藏餐羊血肠、藏族吹肝、虫草鸡块、酥炸羊腩、油炸面、油拌人参果

江孜 英雄城

提起历史文化名城，很多人都会认为主要分布在江南、中原地区，实际上在巍峨的青藏高原也有分布，江孜就是其中之一。江孜地处冈底斯山与喜马拉雅山之间，在藏语中意为“胜利顶峰，法王府顶”，是一座历史悠久的名城。江孜的历史大致开始于吐蕃王朝之后，当时诸阀混战，江孜一带被法王白阔赞所占据，开始营建城池。后来元朝时修建了著名的白居寺，江孜逐渐兴盛，加之地处通往西南的要道上，商贾云集、物产富饶，遂成为西藏历史上第三大城镇。如今江孜保留的名胜古迹众多，其中最为著名的莫过于白居寺、帕拉庄园和宗山古堡。

白居寺在江孜的历史发展中占据重要的地位，江孜几乎是以白居寺为依托发展起来的。白居寺位于江孜县城东北隅，藏语为“班廓德庆”，意为“吉祥轮乐寺”，始建于15世纪初，地位非常特殊，是一座藏传佛教萨迦派、噶当派、格鲁派三大教派共存的寺庙。虽然是三大派共存的寺庙，但千百年来三派和谐相处，平安无事，可谓白居寺的一大特点。白居寺内有一菩提塔，是由上百间佛堂一层层堆砌起来组成的，被认为是“塔中之塔”，在塔内有数十万计的佛像被雕琢、绘画在佛堂、佛龛和壁画上，场面非常震撼，故又名十万佛塔。

西藏的贵族庄园非常有特色。目前保存最完好的是帕拉庄园，全称帕觉拉康，位于江孜县城西南约4千米的班觉伦布村，是西藏目前保存较完好的十二大庄园之一。庄园楼高十几米，目前保存完好的房屋有近60间，各种生活设施建筑配套完善，极具本地特色。帕拉庄园内多植花树，也设有假山流水，整体布局类似园林，平时非常安静。

在江孜宗山古堡是不得不说的名胜古迹。在过去的西藏，“宗”代表着一种行政单位，相当于县级，所以宗山古堡也就是当地的县府。走进江孜就立刻能够看到耸立在山丘上的宗山古堡，白墙红顶，在苍茫浓郁的山色中显得异常耀眼。因古堡位于宗山的石山之上，所以取名为宗山古堡。远远望去，古堡宏大气派，非常壮观，实际上古堡还是一座宫殿式的寺院，有着浓厚的藏传佛教的色彩，如今还有不少人来此敬拜。

江孜还被称为英雄城，1904年江孜遭受英国军队的侵略，当地人们英勇地予以还击，保留至今的威武的炮台，述说着江孜人民不屈的抗争精神，是中华民族抵抗列强侵略的重要组成部分。著名的电影《红河谷》就是在此地、以当时发生的事件为原型进行拍摄的，真实地再现了当时的情形。如今的炮台上锈迹斑驳，褐红色的岩石台基依然挺立，饱经百年的风霜，台基下的野草在夹缝中迎风轻摇，展示着旺盛的生命力。厚重的历史、英勇的抗争故事，塑造了江孜这块神圣的地方。

作为著名的藏族古城，江孜还拥有非常独特的民族风情。其中，规模最大、最为隆重的习俗就是“达玛”，达玛在藏语中是射箭、射击的意思。据说达玛起始于1408年，至今已有600多年的历史，内容非常丰富，早期只是简单的赛马、射箭和骑箭3项，后来规模扩大，交流加强，各种文体活动都开始参与进来，而且还产生了贸易交流。如今的每年7月20日举行的达玛都会有上万人参加，活动期间如篝火晚会、赛马、文艺表演等诸多丰富多彩的文化民俗都将展现，场面非常壮观。

旅游小贴士

地理位置：西藏自治区日喀则市

最佳时节：夏、秋季

旅游景点：白居寺、宗山古堡、帕拉庄园等

特色风味：夫妻肺片、雪域藏餐

白居寺是一座塔寺相结合的藏传佛教建筑，藏语简称“班廓德庆”，意为“吉祥轮大乐寺”。

江孜宗山英雄纪念碑。

第六章 西北地区古城

西安 十三朝古都

西安古城墙是目前中国保存最完整、规模最宏大的古城墙遗址。

“长安自古帝王都”。西安，弥漫着古朴沧桑的风韵，凝聚了华夏 5000 年的辉煌历史，是华夏精神的故乡，中华文明的起源处。这里从不缺少历史的印记，百万年前的蓝田遗迹，原始的半坡文化，周幽王烽火戏诸侯，兵马俑、华清池、古城墙……都在这里凝固。

西安古称长安，是中国历史上建都时间最长、朝代最多的古城，周、秦、汉、唐等 13 个王朝先后在此建都，与雅典、罗马、开罗并称世界四大文明古都。一走进西安，那巍然耸立、古老厚重的古城墙迎面而来，恍如穿越时空走进了千年前雄壮威严、辽阔大气的皇城。这处目前世界上保存最完整、规模最宏伟的古城墙遗址为唐朝末年驻守长安的韩建所建，是在隋唐原都城的基础上建成的。古城墙上建有角楼，分布在四角，四周分别有长乐门（东门）、安定门（西门）、安远门（北门）、永宁门（南门）4座主要的城门，城门外还有宽阔的护城河，牢牢地守卫着皇城。

位于西安骊山脚下、雄伟壮丽的“世界第八大奇迹”秦始皇兵马俑，是一个穿越历史迷雾的人间传奇，使人震撼。那些或站立，或跪射的陶俑赫然便是气势威武的军队，他们跨过千年的历史守护着帝陵的主人。遥想当年，那确实是一个辉煌的年代，秦王扫六合统一了天下，开创盛世帝国；抵御匈奴修筑长城，留下不朽的杰作……即使遗作帝陵也令后人为之惊叹。放眼望去，每个土坑中挤挤挨挨的皆是秦俑，场面甚为壮观，这些秦俑或头戴冠冕，或满脸胡须，眼神凌厉，个个神态不一，精雕细琢的画像令人不得不惊奇于古人的高超技艺。嘶吼的战马，驰骋的战车，挥舞刀剑的兵士都早已随历史烟消云散在八百里秦川大地上，唯有秦始皇兵马俑依然如古时一样，气势严整，肃然静立，诉说着不老的盛世传说。

有着“天下第一泉”美誉的华清池位于西安市城东30千米处的临潼区内，北与滔滔渭水相邻，南与巍巍骊山相依，是一处天然温泉。优越的地理位置和适宜的自然环境，不仅适合人类居住繁衍，更是吸引了历代在陕西建都的帝王在此修建离宫别苑，造就了它6000年的温泉利用史和3000年的皇家园林史。走进

旅游小贴士

地理位置： 陕西省西安市

最佳时节： 3～11月

旅游景点： 古城墙、秦始皇兵马俑博物馆、华清池、大雁塔

特色风味： 羊肉泡馍、臊子面、水盆羊肉、石子馍、玫瑰镜糕

“世界第八大奇迹”秦始皇兵马俑。

华清池前的贵妃雕塑依然完好，姿态动人，栩栩如生。

华清池，九龙湖碧波晶莹，九龙桥气势非凡，杨贵妃雕塑完美无瑕，还有掩藏于一片浓绿之中、古色古香的仿唐建筑，组成一幅古老优美的画卷，赏心悦目。飞霜殿、莲花汤和海棠汤等都是唐玄宗与杨贵妃这段流传千古的动人爱情故事的历史见证。在唐御汤遗址博物馆的东面，还有一座既具有江南园林的典雅别致，又具有北方殿宇的大气恢宏的小院——环园。

千年古都还有一处最具代表性的建筑——大雁塔，它是唐代四方楼阁式砖塔的杰出代表。坐落在慈恩寺内的它，曾是为保存玄奘大师从天竺带回来的卷经佛像而被主持修建的。大雁塔由塔基、塔身、塔刹 3 部分组成，共有 9 层。被称为“关中八景”之一的“雁塔题名”是大雁塔最辉煌的一页历史，这里曾是唐朝新中进士的题名之地，乃“天地间第一流人第一等事也”，这是对当时雁塔风光的真实写照。千百年来，雁塔上留下了无数文人的诗作题记，成为文化史上浓墨重彩的一篇。

几千年来，朝代更替，风云变幻，多少盛世王朝，多少风流韵事，多少才子佳人都早已烟消云散。而这座古老的城市，记载了千年的历史记忆，凝聚了古老文明的辉煌，演绎了美丽动人的传说，仍在延续着博大精深的华夏文明。

瑰丽雄壮的千年古塔——大雁塔。

延安 塞上咽喉

说起延安，大家的脑海中总会浮现这样的场景，漫天黄土中舞姿刚劲豪迈的安塞腰鼓、欢天喜地的秧歌，还有在那辽阔、雄壮的黄土地上回荡的嘹亮却带着悲凉的信天游，过年过节时贴在窗户上的精美的剪纸等，将延安的形象深深地印入世人的心中。延安的人民淳朴热情，延安的土地雄浑壮阔，延安的风景美丽动人，延安的民俗多彩迷人。

延安是一座历史文化名城。延安古称肤施、延州，地处黄河中游，延河与汾川河的交汇处，被宝塔山、清凉山、凤凰山三山环抱，自古便是军事重镇，兵家必争之地，被誉为“三秦锁钥，五路襟喉”。从石器时代的“黄龙人”到人文初祖黄帝，从绵延不绝的长城到技艺精湛的石窟，华夏文明的发展印迹都在这里展现。

具有 2000 多年历史的安塞腰鼓被称为“天下第一鼓”。

钟山石窟又称“万佛岩”“普济寺”，是陕北四大石窟之一。

中华第一陵——黄帝陵。

陕西子长县西的钟山南坡有一处石窟，名为钟山石窟，也常被称为万佛岩或普济寺等。始建于晋代，后历经多个朝代的不断开凿和扩建而变得规模宏大。据史料记载，钟山石窟曾有 18 窟之多，雄伟壮观，来此上香的人们络绎不绝，使其名声大噪，享有“人间胜地”的美誉。据现代考古发掘的专家们所说，钟山石窟可谓我国石窟文化的源头，可以毫不夸张地说钟山石窟就是我国最早的石窟，而石窟造像的艺术水平毫不逊色于“四大石窟”，可与敦煌相提并论。钟山石窟的主窟为万佛岩，其占地面积有 220 多平方米。走进万佛岩内，仰头一看，平阔的穹顶上莲花藻井展开，无比典雅美观。沿着石壁不断深入，走几步便可以看到窟内的大型石台，台上则是群佛雕像，让人眼花缭乱，目不暇接。除此之外，还有道教仙翁老子立于石窟外壁之上，关圣帝相伴在左，一袭长袍的孔子立于高处，尽显儒雅风范，三教尽汇于一堂。

黄帝陵位于陕西黄陵县城北的桥山之巅，是华夏始祖黄帝轩辕氏的陵墓，也是中国历代帝王祭祀黄帝的场所，号称“华夏第一陵”。在原始社会的后期，为了争夺中原大地，黄帝与炎帝联合在涿鹿共同打败了蚩尤，由部族首领成为天下之主，带领华夏人民跨入了文明时代，所以黄帝被称为“人文初祖”。桥山上除了规模雄伟、气势恢宏的黄帝陵，还有冠如华盖的森森古柏，多达 81600 株，其中有 3 万多株树龄千年以上的古柏，是我国覆盖面积最大、最古老的古柏群。

宝塔山作为延安的标志，更是一处不得不去的旅游胜地。宝塔山古称丰林山，位于延安城的东南方，海拔 1135.5 米，山上古塔巍然屹立、高耸入云。登上宝塔山，放眼四野，全城风貌尽收眼底。此外山上还有长达 260 米的摩崖石刻群和碑林，是历史遗留下来的艺术珍宝。

古老悠久的历史在这里积淀下璀璨的中华文化，大自然的神来之笔在这里勾勒出苍茫雄浑的神韵，人文景观与自然景观交相辉映，一幅幅动人心魄的宏伟画卷在这里徐徐展开。

旅游小贴士

地理位置：陕西省延安市

最佳时节：秋季

旅游景点：钟山石窟、黄帝陵、宝塔山等

特色风味：荞面饸饹、油糕、羊杂碎、钱钱饭、洋芋擦擦、肉夹馍

咸阳 中国第一帝都

咸阳，这座有着两千多年文明史的著名古城坐落在关中平原的腹地，是中华民族的发祥地之一，孕育了辉煌灿烂的秦汉文化。一统天下的秦始皇在这里定都，使咸阳成为享誉海内外的“中国第一帝都”，这里还是古丝绸之路的始发点，也是连接中原地区与西北的交通要道。

这座古老的历史文化名城是一座天然的历史博物馆，游走在古城，遍地皆是秦砖汉瓦，不经意间的一抬头便可与古色古香的殿宇楼阁邂逅，随手触摸到的都是岁月的痕迹。秦始皇一统天下的盛况已随风消逝，辉煌灿烂的古文明也在岁月的烟云中化作了一座座帝王的陵墓，静默无言。

咸阳是中国古代帝王陵墓最集中的地方，有汉高祖长陵、汉景帝阳陵、汉武帝茂陵、唐太宗昭陵、唐高宗和武则天合葬的乾陵等 28 位汉唐帝王的陵寝，被誉为“中国金字塔之都”。乾陵建于唐朝光宅元年 (684 年)，神龙二年 (706 年) 加盖，周围伴有三王、两太子、四公主及薛仁贵等大臣的陪葬墓 17 座，形成众星捧月之势，闻名遐迩，四海皆知。乾陵以山为陵，从南向北地势慢慢升高，巍巍群山绵绵相依，气势磅礴，

旅游小贴士

地理位置：陕西省咸阳市

最佳时节：四季皆宜

旅游景点：乾陵、昭陵、茂陵、长陵、彬县大佛寺

特色风味：咸阳汇通面、三原千层油饼、乾县锅盔、腊汁肉夹馍、泡油糕、石子馍

无字碑。

有“历代诸皇陵之冠”的美誉。横着看去，3座青山的姿态犹如一位侧卧的少妇，长发落在肩上，所以乾陵又有“睡美人”的雅称。乾陵坐落在梁山最高的北峰之上，南面双峰较矮，又称“乳峰”，南北之间司马道笔直伸展，直通唐高宗陵墓，沿途风光别致，清幽宁静。

乾陵内碑刻众多，其中最为著名的便是《无字碑》。站在无字碑前，面对这块7.53米高、2.1米宽、重达百吨的巨石，历史的凝重感会在不经意间袭上心头。碑上9条螭龙鳞爪飞扬，穿云入海，王者气概展露无遗，碑座阳面狮马相斗的图案线条细腻，生动传神，然而碑上却没有一个字，令人诧异。据说当年武则天建造无字碑时，曾经说过自己的功过是非都留给后人评说，故而不着一字，由此可见她胸襟坦荡。

彬县大佛寺，原名为“应福寺”，地处彬县城西的清凉山脚下，它是古丝绸之路上遗留的明珠，中西文化交流融合的种子。大佛寺因山成刹，依山开凿，有着巍峨古朴的佛像，被清代学者毕沅誉为“天下第一奇观”。大佛寺是唐太宗为了纪念阵亡的将士而建，后来宋朝时，仁宗皇帝为了给母亲祝寿就改名为庆寿寺。大佛寺的石窟在唐朝时开始大规模开凿，于贞观二年（628年）基本完成，共有130孔洞窟，446处佛龛，1980多尊造像，密密麻麻地分布于陡峭的山壁上。大佛居于大佛窟的中央，静坐于莲花台上，身披袈裟，腰系丝带，右手高举做法印状，眼神平静地注视着前方，仿佛静静地注视着这片大地上的芸芸众生。

漫步于这座古老悠久的城市，浓郁的古韵扑面而来，轻轻触摸到的皆是历史沉淀而来的沧桑与厚重，让人们无法拒绝，也不忍离去。

清凉山脚下的大佛寺依山开凿、气势不凡。

汉中 秦巴天府

汉中位于陕西省的西南部，四周被秦岭、大巴山环绕，内有汉水贯穿，山清水秀、土地肥沃，自古以来便是“天府之国，鱼米之乡”。

美丽富饶的汉中历史悠久，为古代九州之一，汉王朝的发祥地，境内两汉三国文化底蕴深厚、名胜古迹众多、英才豪杰辈出。汉高祖刘邦“明修栈道，暗度陈仓”，逐鹿中原，统一天下，建立汉王朝，汉朝、汉族、汉人、汉字等汉文化源远流长，古汉台、拜将亭、饮马池等遗址静静伫立。三国蜀汉丞相诸葛亮曾屯兵于汉中，六出祁山，未定中原，含恨而终，现定军山下的武侯墓、勉县的武侯祠，诉说着那个风起云涌的辉煌时代。“丝绸之路”的开拓者张骞在这里出生，“四大发明”之一造纸术的鼻祖蔡伦长眠于此地，曹操、韩信、张飞等的足迹也遍布汉中。

拜将亭位于汉中市城南门外，相传为刘邦拜韩信为大将时所筑，磅礴大气，宏伟壮观。

旅游小贴士

地理位置：陕西省汉中市

最佳时节：秋季

旅游景点：青木川、古汉台、武侯祠、拜将亭

特色风味：汉中面皮、浆水面、汉中梆梆面、宁强麻辣鸡、罐罐茶、黄酒

历经沧桑的青木川安谧静好，如世外桃源。

青木川位于陕甘川交界地带的汉中市宁强县，古时候被称为“草场坝”“回龙场”“永宁里”。后来因为此地有一棵高大的青木树，于是更名为青木川。独特的地理环境孕育着优美的风景，这里有着“一脚踏三省，鸡鸣三省惊”的美誉，青木川发端于明朝中叶，之后经过数百年的发展，最终在民国时期进入鼎盛。这里是少数民族和汉民族的混合居住区，不同民族在这里和谐相处，犹如世外桃源。如今在青木川保存较为完好的古建筑有近 300 间，包括魏辅唐的宅院、辅友社、辅仁中学、回龙场老街和船形屋等，这些建造古朴、风格独特的古建筑在历经沧桑岁月后显得古香古色，成为当地著名的旅游文化资源。

古汉台位于汉中市的中心地带，曾是刘邦驻守汉中时的宫廷所在地，今日已被汉中市博物馆所取代。“留此一掊土，尤为汉家基”，从宋代张少禹的诗句中可见昔日的古汉台饱经岁月沧桑，不复往日的雄姿，变得荒芜苍凉。今日的博物馆整体布局严谨合理，建筑风格古朴典雅，集南北建筑精华于一体的望江楼、香飘满园的桂荫堂、汉中道署之一的镜吾池等，将古汉台之景完美再现。还有博物馆内收藏的“汉威石门十三品”，更是久负盛名的汉魏摩崖刻石，享有“国之瑰宝”“书法宝库”之誉。

古汉台旧址上新建的汉中博物馆。

武侯祠位于勉县城西，与武侯墓隔汉江而望，是当时的皇帝刘禅下诏于236年修建的，比成都武侯祠还要早近50年，有“天下第一武侯祠”之称。祠内碑石林立，古木苍翠，历代文人名士的赋诗题字不胜枚举，还有稀有的旱莲更是被定为汉中市的市花。

这座山水相依的千年古城，风景如画，美丽怡人，生态环境亦是清新自然，大熊猫、朱鹮、金丝猴、羚羊这四大“国宝”都在这片土地上生活得悠闲自在。汉中真是一片钟灵毓秀的宝地。

汉中勉县武侯祠。

韩城 文史之乡

韩城古称龙门，坐落在关中平原东北方、黄河西岸，是一座承载着 3000 年历史文明的古城，境内文物古迹众多、文化积淀深厚，素有“文史之乡”“关中文物最韩城”的美誉，是一处寻古探史、领略大家遗风的好去处。

走进这座古老的城邑，扑面而来的是浓郁的古风古韵，它就像一座保存完好的历史博物馆，宋明元清古建筑应有尽有，活化石一样的党家村民居厚重沧桑，残垣断壁的魏长城古老悠久，扼黄河之咽喉的黄河龙门气势磅礴……数不尽的历史古迹、道不尽的传奇故事、赏不尽的优美风景都在这片土地上尽情呈现。

依山傍水的韩城古城是全国 6 个保存完好的明清古城之一。

司马迁祠墓。

可与北京四合院相媲美的党家村四合院民居。

说起司马迁，想必大家都不陌生，他所著的《史记》被鲁迅先生赞为“史家之绝唱，无韵之离骚”，而韩城就是史圣司马迁的故乡。今日的韩城内还保存有司马迁祠墓，这座始建于西晋永嘉四年（310 年）的古建筑坐落在韩城市芝川镇的韩奕坡上，自坡底逐层上升至崖巅，规模宏大、肃穆庄严。那历经千年的古建筑写满岁月的痕迹，那青石铺就的古道上印着千余年来无数登山者的足迹。登上顶峰，举目四望，东有滚滚黄河水汹涌澎湃，西有巍巍梁山雄伟险峻，南面的魏长城伤痕累累，北面的芝水潋滟动人，一幅秀丽壮阔的河山图展现在眼前，美不胜收。

三义墓坐落在韩城市西南方高门原堡安村的古寨内，是为纪念我国四大悲剧之一《赵氏孤儿》中的主人公赵武、公孙杵臼和程婴而建的。在 2500 多年前，晋国景公登上国君之位后，为了消灭势力强大的赵氏家族，便与宠臣屠岸贾共谋奸计，将赵盾及其族人全部诛灭。而当时赵朔妻子已身怀六甲，逃脱之后生下了赵武，为避免赵武被害，程婴便忍痛将自己的亲骨肉交给了屠岸贾，这才保住了赵氏唯一的血脉。这座正方形的墓地便建立在故事当年发生的地方，向人们述说着那段风云岁月里的血泪传奇。

福建有客家先民创造的建筑奇迹——土楼，山西有“民间故宫”乔家大院，在韩城也有被国外专家誉为“东方人类居住的活化石”“民居瑰宝”的党家村民居。其中最具代表性的便是民居四合院，与北京的四合院相媲美，在乾隆年间就曾被誉为陕西的“小北京”。古村面积虽不大，但整体布局严谨、紧凑合理，长着青苔的斑驳石板路、古韵悠长的街巷、威严气派的走马门楼、典雅肃穆的祠堂、神秘的避尘珠、高耸的文星阁、错落有致的四合院以及无比精美的各种木雕和砖雕等，无一不在向人们展示着党家村昔日的繁华与兴盛。

漫步在韩城，这是一座长满了历史年轮的城，一座侵满了历史风霜的城，萦绕周身的是古典风韵，触手可摸的是历史印记，令我们烦躁的心慢慢平静，在历史的沉淀中悠然畅游。

旅游小贴士

地理位置： 陕西省韩城市

最佳时节： 春、夏、秋季

旅游景点： 司马迁墓祠、三义墓、党家村民居等

特色风味： 韩城卤肉、羊肉饸饹、火烧馍、臊子馄饨、韩城十三花、花椒芽菜

榆林 塞上明珠

在绵延万里的长城脚下，有一座连山带水的古城——榆林城。榆林城又称驼城，是著名的沙漠古城、“塞上明珠”，1986 年被命名为“中国历史文化名城”。

榆林的建造有其特殊的地理和历史原因。榆林地处黄土高原和内蒙古草原的交界处，也是我国农耕区和游牧区的结合部，因此成为抵抗北方游牧民族南侵的第一站实属必然，同时也是万里长城上一个极其重要的军事重镇。榆林城地势险要，依山傍水，东有驼峰，南临榆水，西靠榆溪，北连红石峡。榆林古城真正大规模建造开始于明朝初年，据《榆林府志》记载，当时的榆林城“城座不过百矩”，为了抵御北方蒙古军队的大规模入侵朝廷开始兴建榆林城。历史上的榆林城经历过三次大

旅游小贴士

地理位置：陕西省榆林市

最佳时节：春、秋季

旅游景点：明长城、镇北台、凌霄塔、四合院、六楼、红石峡

特色风味：羊杂碎、清涧煎饼、马蹄酥、黄米糕

规模的扩建。第一次是在明成化二十二年（1486 年），古城开始向北部发展，一直延至今上帝庙一带，如今称为北城；第二次是在弘治年间，当时的巡抚将南部的城墙扩展至凯歌楼，俗称中城；第三次是在正德年间，当时的掌管者将古城推至阳河畔，兴城关外城，被称为南城。此后的几百年里，榆林又经过多次拓建和修缮，规模愈加完善，城墙愈加坚固。如今看到的榆林规模庞大，气势磅礴，有着军事重镇的规整和高大，每一处建筑都体现着军事保护的作用。

古老而独特的榆林孕育着不一样的西部风貌。在榆林现有的明清建筑中，"北台南塔中古城，六楼骑街天下名"是榆林古城的重要标志。

"北台"是指榆林城北被誉为"万里长城第一台"的镇北台。镇北台是明代长城遗址中现存规模最大、最为雄伟的建筑物，有着我国长城"三大奇观之一"的美誉。方形的镇北台高 30 多米，共分为 4 层，全部都是用青石砖堆砌而成。在台外还有一个 2 米多高由砖石砌就的垛口，这实际上是专用的瞭望塔。第一层是当时驻守的将军和士兵居住的房屋，如今只留下厚重的基座。台下还有一个方形的小城，被称为贡城，是双方官员交涉的场所。

镇北台是明代长城遗址中最为宏大、气势最为磅礴的建筑物之一，素有"万里长城第一台"之称。

“六楼”之一的万佛楼。

“南塔”即为凌霄塔。原是建于明朝中期的榆阳寺中伫立的佛塔，后来寺庙被毁坏，只剩下孤零零的凌霄塔得以保存。佛塔高 43 米，共有 13 层，立于周长近 40 米的基座上，全部由砖石堆砌而成，有着精美的砖雕刻画，楼阁飞檐斗拱，每层八角都挂有风铃，当清风吹起时响声清脆如同奏乐。巍峨的佛塔精美绝伦，站在顶上可以俯瞰整个榆林古城。

“六楼”是指位于榆林城中轴线上的 6 座古建筑，这些建筑物从南门按照一条直线延伸至北门，分别为：四方台、万佛楼、新明楼、钟楼、凯歌楼和鼓楼。这些古楼阁有着共同的特点就是底部中空，下面可以通过车辆和行人，拥有“六楼骑街”的美名。

在镇北台不远、清水河岸有著名景观红石峡，因砂石都是红色砂岩，故得名红石峡，峡谷的两侧陡峭的岩壁上遍布着石窟。千百年来，红石峡名震边塞，不少来到榆林的文人墨客都会来到此处欣赏美景，吟诗作赋，若是有好的名章佳句就会镌刻在石壁上，由后人品鉴。如今的红石峡已成为众人喜爱的游览胜地。

人们对陕北民居的印象最深的莫过于窑洞了，但是在榆林却有着数量众多的四合院，与北京的四合院不同，这里四合院拥有一种古朴大方的气派。作为九边重镇和西北军事防御的中心，这里自然少不了文官武将、达官贵人的生活痕迹，因此保留下来的民居建筑整齐排列，又饱含富贵气息，现今保存较好的四合院主要是 3 位总兵的宅院。

榆林，这个终年与黄沙相伴的边塞古城，书写了中国历史上充满悲壮和艰苦的一段边塞史，可谓血泪盈篇。漫游榆林古城，蓦然回望，金戈铁马入梦来……

红石峡崖壁上遍布石窟，非常壮观。

贵德 高原小江南

说到古城，多数人会想到江南美丽如画的凤凰，商贾云集的西北平遥。而你可知道在青藏高原上也有历史久远的原生态古城？那就是贵德古城。贵德古城位于青海省东部，海南藏族自治州贵德县，北邻滚滚黄河，是青海省乃至西北地区保存最为完整的古城之一。

位于多民族聚居地区的贵德古城，历史上必然深受周围王朝和民族的影响，中原王朝、鲜卑、吐蕃等都曾在这里留下历史的印记。如今古城境内保存着诸多的历史遗迹，如“马家窑”“卡约”文化遗址、古堡、民居等这些都是贵德古老历史和深厚文化的见证。

贵德古城始建于明朝初期，已有600多年的历史。历史上的贵德古城经历过多次的修缮和重修，最近的一次是在民国时期，当时的古城高大巍峨，外形方正，4座城门巍然耸立。后为拓宽古城内外道路，将古城的南门和城楼拆毁了，如今只余东、西、北三面保存完好。

贵德古城中现存的古建筑大多修建于清朝中期，很多是宗教建筑，类型多样，充斥着浓郁的中原文化色彩。其中寺庙和道观最为特殊，每一座建筑都是精心之作，彰显着各自的风格和内蕴。保留的碑刻、壁画都有着很高的历史文物价值和艺术价值。众多的建筑中，文庙和玉皇阁无疑是最为精美的。

文庙又称“孔庙”，是祭祀孔子及其72弟子的祠庙，几乎是每个古城中必有的建筑。贵德古城的文庙建于清朝初期，被毁后在光绪年间得到重建，是目前青海省保护最为完整的一座古建筑。文庙门前是一座四柱三楼式的牌坊，上面雕刻着“腾蛟起凤”4个镏金大字，字体苍劲有力，神采飞扬，寓意贵德文风昌盛，人杰地灵，是人才辈出之地。庙正中的大成殿宏大端正，雄伟壮观，殿内的梁柱笔直粗壮，层叠的梁枋紧密有致。大殿中间耸立着寓意“太平万象”的3尊巨大的青狮白象，寄托着古人对美好生活的追求。

玉皇阁初名万寿观，始建于明朝中后期，历史上的玉皇阁多次遭受毁坏、重修，饱经沧桑。玉皇阁坐北朝南，高约26米，伫立在三层土砌的高台上，挺拔的身姿好像一把利剑直刺长空，很是雄伟。在通往阁楼顶层有32道阶梯且每层的阁楼都有木梯相连。这个阁楼可分为3部分，自下而上依次是人、地、天，寓意天地人三位合一，阴阳相成。每一层都有着不同的功能，一层供奉着皇帝、名臣武将的牌位，还有着“山河一览”的木制匾额；二层供奉的是后土皇祇的彩绘木雕；三层供奉的是玉皇大帝镀金精致木雕。总体而言，整个阁楼飞檐斗拱，雕梁画栋，建造得极为宏大。站在顶端可俯瞰整个古城，领略古城的全貌，所有的建筑规整整齐。驻足远眺，贵德优美的自然风光尽收眼底。因此，玉皇阁在贵德“古八景”中有“仙阁插云”的美誉，古人还有诗赞曰：“滔滔黄河经阁北，巍巍仙阁插云间”。

此外，贵德还是风景名胜之地，境内有12条河流汇入黄河，著名的黄河清国家地质公园具有很高的旅游观赏价值。

旅游小贴士

地理位置：青海省海南州贵德县河阴镇

最佳时节：春、秋季

旅游景点：文庙、玉皇阁、黄河清国家地质公园

特色风味：芝麻烧饼、过桥馄饨

文庙是祭祀孔子及其72弟子的祠庙，是青海省保护最为完整的一座。

玉皇阁在贵德古城“古八景”中有“仙阁插云”的美誉，巍峨高耸，直入云霄。

西北地区古城

敦煌 东方佛艺术之都

莫高窟内的塑像形象众多，且个性鲜明。

敦煌古称沙洲，位于甘肃、青海、新疆三省的交汇处，三面环山，一面接茫茫戈壁，是古丝绸之路的交通要道和边关重镇，自古以来便是兵家必争之地。古老的敦煌在 5000 年的漫长历史中，历经沧桑，孕育出了璀璨的古文化。那沧桑的历史遗迹、精美的塑像壁画、苍凉的玉门关、神奇的沙鸣山月牙泉，使这座古城愈加的耀眼迷人。

在西北苍茫的大漠里，千年不朽的莫高窟遗世独立，静静地躺在三危山和鸣沙山的怀抱中，四周沙丘环绕，数百个洞窟像蜂窝一样紧密地排列在悬崖峭壁上。敦煌莫高窟俗称“千佛洞”，始建于十六国的前秦时期，历史悠久，而其来历也颇带有几分神话色彩。据传僧人乐尊从这里经过，忽见金光四射，仿若万千神佛现世，于是就在岩壁上开凿了第一个洞窟。之后在此建洞修禅的法良法师，从“沙漠的高处”取意称为“漠高窟”，后世将其改名为“莫高窟”，并一直沿用至今。敦煌莫高窟现存有营建的洞窟 700 多个，这些洞窟面积从 200 多平方米到不足 1 平方米大小不等，形制也各有不同。每个洞窟都是建筑、彩塑、绘画相结合的综合性艺术。这些雕塑朝代各异，漫步其中，你可以领略不同朝代的绘画雕塑艺术。作为目前世界上保存内容最为多样、建造规模最为宏伟的石窟，莫高窟素以精美绝伦的壁画、形象生动的佛像和构造迥异的石窟著称于世，有着“东方卢浮宫”的美誉。

在大西北广阔的天地里，存在着一颗耀眼的明珠，千年未改其容，那便是大漠中的奇迹——鸣沙山、月牙泉。鸣沙山处于腾格里沙漠边缘，距敦煌城南约 5 千米。鸣沙山又叫神沙山，绵延 40 千米，形态各异的沙山沙峰连绵起伏，最高峰竟高达 170 多米。最神奇之处便是这些山是由流沙堆积而成，但形成的却不是一般沙漠中的沙丘而是山，令人称奇。另外，这一座座由细沙聚积而成的山通体金黄，晶莹耀眼，但若细看就会发现，细沙并不是纯粹的黄色，还夹杂着红、黄、黑、白、绿各色沙子。沙鸣山的神奇之处还在于一个“鸣”字。晴日间，阳光下金灿灿的沙

旅游小贴士

地理位置：甘肃省敦煌市

最佳时节：春、夏季

旅游景点：莫高窟、沙鸣山、月牙泉、玉门关等

特色风味：驴肉黄面、臊子面、浆水面、酿皮子、泡儿油糕、羊肉粉汤

林立的奇峰异石都是风的杰作。

沙鸣山又叫神沙山，地处于腾格里沙漠边缘，“沙岭晴鸣”自古就是敦煌八大景观之一。

山仿若沉睡的少年，十分安静，而当狂风吹起或有人从山上滑落时，那“沉睡的少年”瞬间便会清醒过来，发出巨大的响声，声响汇集，如战鼓阵阵，又似雷鸣滚滚，沙鸣山也因此而得名，而“沙岭晴鸣”也成为敦煌八大景观之一。

在沙鸣山群峰的怀抱中还静卧着一弯形似明月的月牙泉，位于敦煌市西南 5 千米处。月牙泉虽面积不大，长度也才近百米，宽约 25 米，但水质清冽，终年不竭，有“沙漠第一泉”之称。月牙泉自汉朝起即为“敦煌八景之一”，被誉为“月泉晓澈”。在唐代时，岸边亭台楼阁错落有致，古朴典雅又精巧玲珑，寺庙与之比邻而居，在泉中还停有小舟，文人墨客慕名而来，在此吟诗作赋，挥毫泼墨，悬挂的匾额、碑刻楹联皆书法俊雅，堪称上品。千百年来，与沙鸣山相隔不过数十米的月牙泉，不管是面对狂风呼啸、黄沙漫天，还是身处漫漫戈壁，它大小如昔，清澈如昔，不浊不涸，故有“泉映月而无尘”“亘古沙不填泉，泉不枯竭”的千年奇观。

“山以灵而故鸣，水以神而益秀”，这一弯碧如翡翠的清泉与群峰相绕的沙鸣山，相互依偎，相互倾诉，如同一对相恋千年的爱人，彼此相守，不离不弃。

敦煌，一个古老的名字，一段不老的传说，肆虐的风沙掩盖了岁月的痕迹和古老的丝绸之路，却无法掩盖这里辉煌灿烂的文明与神奇的自然山水，吸引着一代又一代人不断前来探索，并无限地向世人释放自己的魅力风采。

月牙泉水质清冽，终年不竭，有“沙漠第一泉”之称。

武威 马踏飞燕故里

武威古称凉州、雍州，位于河西走廊东端、甘肃省的中部，是丝绸之路通往西域的东大门，且分别与银川、会宁、兰州这些省会城市相邻，往北又通敦煌，所以自古便是“通一线于广漠，控五郡之咽喉”的西北重镇。

西汉时期，汉武帝派骠骑将军霍去病出陇右与匈奴作战，大败匈奴并将河西走廊纳入了西汉王朝的版图之中，汉武帝为表彰帝国军队的“武功军威”而得名“武威”。武威作为“人烟扑地桑柘稠”的富庶之地，丝绸之路上的重镇要塞，曾是“五凉古都”“西夏陪都”，中国旅游标志“马踏飞燕”的故里，名副其实的历史文化名城。

出土于雷台汉墓的“马踏飞燕”是东汉时期的青铜器。

马踏飞燕又名马超龙雀、铜奔马、凌云奔马等，1969 年出土于甘肃省武威市的雷台汉墓，现收藏于甘肃省博物馆中，是中

旅游小贴士

地理位置： 甘肃省武威市

最佳时节： 夏、秋季

旅游景点： 马踏飞燕、天梯山石窟、武威文庙、白塔寺、鸠摩罗什寺塔、天祝三峡

特色风味： 凉州“三套车”、浆水面、米汤油馓子、凉面

国旅游的标志。马踏飞燕是东汉时期的青铜器，头颅高昂，三足腾空，头顶的鬃毛和马尾向后飘扬，右后足踏一只回首惊视的飞鸟，整匹马曲线流畅、肌肉饱满，四肢充满了力量，远远望去仿佛还能感受到它动作之矫健、奔跑速度之快、气势之凛冽。这一艺术形象不同于传统的天马造型，将速度与力学平衡完美统一，堪称极品，是东汉时期雕塑艺术的经典之作。

天梯山石窟又称大佛寺，位于武威市城南中路乡灯山村黄羊河畔，创建于东晋十六国时期，它虽不像云冈石窟、龙门石窟等遐迩闻名，但却是它们的源头，在我国石窟艺术的发展史上占据着重要地位，被誉为“中国石窟的鼻祖”。经过历代的开凿，石窟规模宏大，佛像众多，壁画精美，汇集了北魏、隋、唐以及其后各个朝代的众多作品。石窟内的主体大佛依山端坐，身披袈裟，左手放在膝上，右手前伸做法印状，双目静视前方。整座佛像宏伟高大、端庄肃穆、形象传神。再加上碧波荡漾的黄羊河、巍峨险峻的天梯山、湛蓝天空中漂浮的云，共同组成了一幅辽阔壮美的画卷，令人心驰神往。

武威文庙位于城南，是供奉孔子的地方，被誉为“陇西学府之冠”。

这里还有藏传佛教凉州四部寺之一的白塔寺、被誉为“陇西学府之冠”的武威文庙、佛教圣地鸠摩罗什寺塔、国之稀世珍宝西夏碑、历经千年沧桑岁月的皇娘娘台、古长城遗址等，这些数不胜数的古老遗迹承载着武威悠久辉煌的历史，古老厚重的文化。另外，还有大自然的鬼斧神工创造的自然美景，奇险瑰丽的天祝三峡、辽阔苍茫的大漠风光等。自然景观与人文景观相结合，共同打造出一个独一无二的武威名城。

白塔寺又名百塔寺，因内有上百座佛塔而得名。

张掖 塞上江南

曾有诗曰“不望祁连山顶雪，错把张掖当江南”，这座坐落在甘肃省西北部、河西走廊中段的古老城市，既是古河西四郡之一，也是古丝绸之路上的重镇，取“张国臂掖，以通西域”之意而得名。古老悠久的马蹄寺和大佛寺、骏马飞驰的军马场、色彩斑斓的丹霞地貌、连绵起伏的祁连山脉、茫茫无涯的戈壁风光，都在这片土地上汇集，这里既有南国风情，又有塞上英姿。

张掖的丹霞地貌约孕育于200万年前的前侏罗纪时期，由于自然的风雨侵蚀使这里的红色砂砾岩形成了千姿百态的奇峰怪石。张掖的丹霞地貌，用语言难以准确的描述出其风姿，而内心的震撼却是无法忽略的。来到张掖，放眼望去，层层叠叠、连绵起伏的群山仿佛被染料涂抹上了一层鲜艳的色彩，像火山喷发时的炽烈的焰火，似色彩明丽的霓裳，令人震撼，红的、白的、绿

大佛寺位于张掖市的西南角，寺内有我国最大的室内卧佛涅槃像，是张掖的标志。

旅游小贴士

地理位置： 甘肃省张掖市

最佳时节： 夏季

旅游景点： 张掖丹霞地貌、马蹄寺、大佛寺、山丹军马场

特色风味： 搓鱼子、拉条子、臊面、炒炮、鱼儿粉、灰豆汤、牛肉小饭

色彩明丽、斑斓多姿的丹霞地貌。

的、橙的、黄的、青灰、灰黑等多种绚丽的色彩，在眼前呈现，展现出“色如渥丹，灿若明霞”的绝妙风采。还有那拔地而起的危峰、斧劈刀削般的峭壁、深不见底的悬崖，既有着苍劲雄浑的磅礴气势，也有着让人望而生畏的孤绝，用“绝壁当千仞，危崖一线开”来形容祁连山丹霞的雄伟险峻之美亦不为过。张掖的丹霞地貌之美不仅在于其奇险诡谲，更在于其天然生成、未经人工，黄进先生曾赞之“天然去修饰，四季见秋山”。

马蹄寺又称普光寺，位于甘肃南部裕固族自治县境内，据说建于东晋十六国时期，至今已有 1600 多年的历史了。相传天马饮水时将蹄印留于此处，因而才有了马蹄寺一名。现在天马蹄印已经被作为镇寺之宝保存在寺庙之中，来往的游客可以一睹神迹，浮想联翩。马蹄寺主要由岩壁石窟和庙宇殿堂组成。穿过 3 间门洞，走进寺庙内，大雄宝殿、站佛殿、观音殿、药师殿等殿堂依次排开，这些古老的建筑据说都是从连年的战争中保留下来的文物，可谓饱经沧桑，如今能够依旧屹立于寺中，实属万幸。马蹄寺最引人注目的便是石窟艺术，在历史上与敦煌的莫高窟、安西的榆林窟被合称为河西佛教圣地的三大艺术宝窟。寺内石窟规模宏大，共有 7 个小石窟群，绵延近 30 千米，令人叹为观止，每个小窟群中，又含有大小不同数目不等的石窟，多则 30，少则二三，总计 70 多窟，真如洞府天国一般。其中三十三天石窟、马蹄印石窟、藏佛殿石窟、胜果寺、千佛洞石窟等最受瞩目，艺术价值极高。

马蹄寺的岩壁石窟艺术价值极高，饱经沧桑而留存至今，可谓幸甚。

欣赏完冠绝华夏的丹霞地貌、标志张掖的大佛寺、因石窟艺术而闻名的马蹄寺之后一定要去体验一下裕固族的特色风情和游牧民族的独特生活，喝奶茶、青稞酒，吃美味的手抓肉，住帐篷，带给你一番不一样的生活体验。

天水 羲皇故里

天水位于甘肃东南部，陕、甘、宁三省的交界处，往东可进入中原内地，往西可通西北地区，甚至是西域各国，自古以来便是兵家必争之地，也是古丝绸之路上的交通要塞。天水这座历史文化名城是羲皇、娲皇、轩辕的故里，又因传说羲皇曾在此首创八卦，故又使它享有“易学之都”的称号。作为中华文明的重要发源地之一，8000 年的悠悠岁月书写了天水古老辉煌的历史华章。

关于“天水”这个美丽的名字有一段神奇的传说。相传，3000 多年前的天水地区美丽富饶，人们过着安详宁静的生活。秦末汉初，由于连年的战争和干旱，此地哀鸿遍野，民不聊生。一天夜里忽然狂风大作、雷电交加，忽然闪过一道金光落到地上，大地立刻裂开一条巨缝，天上的河水汹涌灌入形成一片湖，从而

风景优美的仙人崖。

旅游小贴士

地理位置：甘肃省天水市

最佳时节：夏季

旅游景点：麦积山石窟、伏羲庙、仙人崖等

特色风味：虾酱肉、梅菜扣肉、粉蒸肉、带把肘子、冰糖蒸菜

麦积山峭壁上的栈道。

解了此地的旱灾，救了一方百姓。汉武帝听到这个传说后，就在湖旁设置了“天水郡”，从此此湖便以“天水”命名。

“有龛皆是佛，无壁不飞天”的麦积山石窟位于甘肃省天水市东南方向大约 50 千米处，石窟雕凿在一个略显孤零的山峰上，因山形像极了农村的麦草垛，故得名麦积山石窟，为中国四大石窟之一，被誉为“东方雕塑馆”。石窟始建于十六国时期的后秦，于北魏时期大规模开凿，后又经过唐、宋、元、明、清各代不断地开凿和修缮，终于更为完备成熟，遂跻身我国著名石窟群之列。历史上因为地震的原因，麦积山的山体被震裂为东西两段，于是麦积山石窟也被分为东窟和西窟两部分。沿着突兀的红褐色山体登上高悬于峭壁之上的栈道，只见密密麻麻的石窟好像蜂房一样镶嵌在崖壁上，虽看似凌乱，却将崖壁装饰得别有韵味。如今，在这面崖面上保存有近 200 个窟龛、造像 7800 多尊、壁画 1000 多平方米，看着这一个个或大或小的窟龛、古朴的崖阁、巍峨的山楼，实在令人惊叹，不得不佩服古人的虔诚与智慧。

麦积山石窟内至今保存着完整的佛教塑像，虽有些褪色，依然华美。

伏羲庙原名太昊宫，俗称人宗庙，位于天水市秦州区西关，是为纪念上古三皇之一的伏羲氏而建，也是目前国内保存得最完整的明清建筑群之一。庙内建筑布局严谨，建筑错落有致，古柏苍翠挺拔，香火缭绕不断，清幽宁静中露出几分庄严肃穆。仙人崖与麦积山石窟相距约 15 千米，相传多有高人曾于此处隐居，故而得名仙人崖，风光秀丽、古迹遍野、文化璀璨，也是一处游览胜地。

飞檐翘角、雕梁画栋、庄严肃穆的伏羲庙。

作为羲皇故里，为纪念中国第一位人王，天水每年都会举行盛大的祭祀活动，后逐渐发展成为独具特色的天水伏羲文化旅游节，到了节日那天，来自五湖四海的游客和中外侨胞都会汇聚于此，参观游览，寻根问祖。

银川 西夏故都

银川古称兴庆府、宁夏城，地处西北地区宁夏平原的中部、贺兰山东麓，与黄河相邻。银川这座塞上古城历史悠久，秦朝时即为北地郡所辖，而其建城史起源于汉成帝阳朔年间北典农城的修建，还曾是西夏王朝的国都。此地资源充足、物产丰饶，在坊间素有“塞上江南、鱼米之乡”“塞上明珠”的美誉。

有着“东方金字塔”之称的西夏王陵。

曾经作为西夏王朝都城的银川，境内遗留下很多西夏遗迹，其中最为著名的便是西夏王陵，它是中国现存规模最大、保存最完整的帝王陵园之一，也是西夏文化的代表。西夏王陵位于银川市的西部，内部分布着 9 座帝王陵以及 200 多座王侯勋贵的陪

旅游小贴士

地理位置： 宁夏回族自治区银川市

最佳时节： 春、夏季

旅游景点： 西夏王陵、南关清真大寺、沙湖、沙坡头

特色风味： 清蒸羊羔肉、牛羊肉酥、手抓羊肉、马三白水鸡、中卫鸽子鱼、金钱发菜

葬墓，规模十分宏大，占地面积达20.9平方千米。作为皇家陵寝，西夏王陵设计紧密，布局严谨，总体以传统的南北中轴、左右对称的格局排列，呈长方形的陵墓坐北朝南，集唐风宋韵、西夏特色于一体，自成风格，别具匠心，被誉为“东方金字塔”。

如果说古老神秘的西夏王陵令人惊叹，那么秀美多姿的沙湖就是令人震撼了。曾经有人这样描述沙湖：“在北国，从未见过如此美妙的山水景观，不说是惊天之美，也够得上勾魂之妙……这是上天用五彩神笔为宁夏人勾勒出的一幅绝妙丹青，或者是盘古用巨剪从锦绣江南裁下的一块美妙春色，然后补贴到这遥远的塞上平原。”走遍天南地北，看过千山万水，沙湖的美妙，无论是与江南氤氲的秀湖相比较，还是以北方大湖的旷美来掂量，都可以说得上“天然风韵压群芳”。沙湖是我国的“十大魅力湿地”之一，离黄河很近，周围是广阔无垠的沙漠，湖中是清澈秀美的湖水。雄浑壮阔的景色中透着些许江南的柔美，被称为是“世间少有”的文化旅游地。国际沙雕大赛在这里举行，成千上万的鸟儿在这里翱翔，洁净柔软的沙浪在这里绵延，沙湖成为这天地间一抹无法干涸的永恒。

沙湖被誉为“世间少有”的文化旅游胜地。

滚滚黄河远远望去如同金黄色的沙漠，雄奇壮丽。

沙坡头位于宁夏回族自治区中卫市，南接蜿蜒起伏的香山，北临无边无际的腾格里大沙漠，汹涌奔腾的黄河从中间穿越而过。沙坡头是我国第一个生态保护区，集漫漫荒漠、碧绿草原、奔腾的黄河和险峻的山峰于一体，不仅有塞外戈壁雄浑壮阔的美景，还有水乡的灵动秀美。在晴朗天气的傍晚，伫立沙峰，大诗人王维描述的大漠孤烟、长河落日的画景呈现在眼前，如梦如幻。欣赏完沙漠的壮丽，还要看一看绿洲的清柔，汹涌的黄河阻挡了沙漠的前行，在此孕育了一片片绿洲、湿地，带来了丰饶和富足，因此也就有了宁夏“塞上江南”的美誉。沙坡头的魅力还在于浓郁的人文魅力，2000 多年前汉武大帝在此屯兵戍边，筑堤引水，创造了黄河有堤坝引水的辉煌历史。“一代天骄”成吉思汗也在这里勒马回首，派军队驻守这里，沙坡头也成为他一生辉煌的终点。

欣赏完古老神秘的西夏文明，游历过灵秀与雄壮并集的自然风光，一定不要错过银川的标志性建筑——南关清真大寺。这座坐落在银川市南关的寺庙，是一座典型的阿拉伯民族风格的建筑，高 26 米的主殿上耸立着一大四小的绿色穹顶，且大穹顶上有一轮弯月高悬，在阳光的照耀下熠熠生辉，雄伟壮丽。寺院内绿树成荫、花草繁盛，一派生机勃勃的景象。

南关清真大寺是典型的伊斯兰教风格建筑，恢宏大气，精致华美。

银川，古老与雄壮是你的基调，厚重与灵秀是你的特色。

喀什 瓜果之乡

张骞公园位于疏勒县坤巴斯路东侧，是为纪念张骞通西域而建。

喀什全称喀什葛尔，意为玉石集中之地，位于新疆西南的边缘地区，东有塔克拉玛干沙漠，西有帕米尔高原，是中国最西部的城市。这座历史文化名城曾是中西古文明的交汇地，古丝绸之路上中国诸道的总汇点，也是我国走向西域的重要门户，素有“巴扎之乡”“瓜果之乡”的美称。

喀什古称疏勒，为古时西域 36 国之一，有着 2100 多年的文字记载历史。西汉武帝时期张骞出使西域沟通疏勒与中原的联系，到公元前 60 年设置西域都护府开始，喀什正式成为了国家的一部分，唐朝时作为安西四镇之一，它是国家重要的军事基地。

悠久的历史，古文明的碰撞，还有独特的大漠绿洲环境，孕育出了喀什多姿多彩的风情，以及独具特色的维吾尔族文化。

喀什是维吾尔族为主的少数民族聚集区，也是南疆的政治、经济、文化中心，不仅充满着浓郁的少数民族特色，而且文化积淀深厚、名胜古迹众多，怪不得人们常说“不到喀什，就不算到新疆”。这里有神圣庄严的艾提尕尔清真寺、古老神秘的香妃墓、美丽迷人的卡拉库里湖、充满西域风情的老城，还有满城飘香的瓜果、热情好客的维吾尔人民、浓郁的民俗风情，来到这里就仿佛来到了童话的世界、歌舞的天堂、伊斯兰的圣殿。

艾提尕尔清真寺是全国规模最大的清真寺之一，具有浓郁的宗教色彩和民族特色。

要想了解喀什悠久的发展历程和维吾尔人民的生活，那么位于市中心的老城区是最好的选择。这座历经风雨沧桑、退去昔日亮丽色彩的老城，是目前历史上遗留下来的唯一一处有着古西域特色的街区代表，融合了汉唐、古罗马的风采和现代维吾尔民族的生活特点，也是研究西域文化的珍贵资料。整座城的布局灵活多变，呈放射状延伸的街道纵横交错，各式建筑鳞次栉比，置身其中，就像来到了一个庞大的迷宫，处处都彰显着西域文化的魅力。

香妃墓坐落在喀什市东郊 5 千米的浩罕村，是新疆维吾尔自治区的重点文物保护单位。香妃墓是一座典型的伊斯兰古建筑群，也是伊斯兰教圣裔的陵墓。

香妃墓又名阿帕霍加墓，坐落在喀什东郊的浩罕村，是一座规模宏大、富丽堂皇的伊斯兰教式古建筑，高达 40 米，穹窿形的圆顶上有一座玲珑精致的塔楼，塔楼顶端悬有一轮金光闪闪的弯月。远远望去，陵墓就像一座美丽的古堡，庄严肃穆中透出几分神秘悠远。之所以叫香妃墓，相传是因为霍加后裔中埋葬着一位名叫伊帕尔汗的女子，她是乾隆皇帝的爱妃，因身上天生带有一股花香，所以人们便称她为“香妃”，她死后遗体被护送回喀什并葬于阿帕霍加墓内，人们便以香妃墓来称之。

喀什被称为“瓜果之乡”，这里的瓜果品种多样、香甜饱满，“西域珍品”伽师瓜、“瓜果中的报春花”桑葚、药食两用的无花果、产于叶县的蟠桃、稀有名贵的阿月浑子等，在瓜果成熟的时节处处飘香。喀什还是“歌舞之乡”，喀什的歌舞自隋唐时就已誉满天下，今日的喀什依旧是处处飘荡着动人的歌声，随处可见曼妙的舞姿，倾倒了无数游人。

旅游小贴士

地理位置：新疆维吾尔自治区喀什市

最佳时节：夏季

旅游景点：喀什老城、香妃墓、艾提尕尔清真寺、卡拉库里湖

特色风味：羊羔肉、琼琼饭、纳仁、胡辣羊蹄、酸奶子、烤南瓜、烧乳鸽

第七章 东北地区古城

沈阳 两代帝王都

沈阳，素有“一朝发祥地，两代帝王都”之称，是除北京之外拥有世界文化遗产数量最多的城市。作为中华文明的发祥地之一，7200 多年前的新石器时代就有上古人类在此生活，自燕国设立方城至今已有 2600 多年的建城史，悠久的历史将粗犷又细腻的侠骨柔情和凛然大气的皇家威严幻化成了一道道永不褪色的城市风景。

沈阳故宫，为清太祖努尔哈赤和清太宗皇太极的宫殿，是清朝统一中国之前的政治中心，清入关后便成为皇家的行宫，至今已有近 400 年的历史。虽然无法超越北京故宫睥睨天下的霸气、气吞山河的强势和连绵不绝的壮阔，却多了几分秀气婉约与和善亲民的特质。

作为后金和前清的首府和大本营，沈阳故宫却没有采用象征游牧民族的穹顶圆形帐篷样的毡房，而是继承了汉民族的艺术传统，秦砖汉瓦、雕梁画栋、飞檐翘角、浮雕壁刻、龙之图腾，无一不具有中国传统文化风格。虽然建筑风格和布局上从汉，但同时也兼备了蒙、满等民族的风格和布局，如大政殿与十王亭组成的建筑群，这是清朝八旗制度在宫殿建筑上的具体反映。漫步在故宫中，退去繁华的它一如既往地巍峨壮观，却又增添了几分厚重沧桑，留给世人无限的叹息与回忆！

雄伟壮观的东陵。

清福陵也叫东陵，位于沈阳市东北方向，是清太祖努尔哈赤与其皇后叶赫那拉氏的陵寝。整个皇陵依山傍水，布局严谨，规模宏大，气势雄伟。陵园内古木葱郁，流水回环，建筑恢宏，幽静肃穆。陵园还利用自南向北渐高的地势修筑了“一百零八蹬”，与三十六天罡和七十二地煞相契合，这是福陵的重要标志。而位于沈阳城北的清昭陵，又称“北陵”，是清朝第二代君主太宗皇太极及其皇后博尔济吉特氏的陵墓。作为清初“关外三陵”中规

十王亭是清初八旗各主旗贝勒、大臣议政和处理政务的地方。

旅游小贴士

地理位置：辽宁省沈阳市

最佳时节：四季皆宜

旅游景点：沈阳故宫、张氏帅府、昭陵、福陵等

特色风味：白肉血肠、东北饺子、锅包肉、熏肉大饼、猪肉炖粉条、大拉皮、酱骨头

模最大的一座皇陵，它将清代皇陵的古朴大气与现代园林的精致典雅完美结合，是清初关外皇家陵寝中的典型代表。

张氏帅府这座古建筑是沈阳最重要的历史组成部分之一，它位于沈河区故宫南侧，又称为“大帅府”或“少帅府”，是奉系军阀首领张作霖和爱国将领张学良父子的府邸。张氏帅府始建于1914年，占地面积3.6万平方米，真可谓规模宏大，面积广阔。整个府邸由东院、西院、中院和外院4个部分组成，院内有古典雅致的四合院、清新自然的花园、精致优雅的欧式洋楼，融合了东西方文化的精髓。一座元帅府，半部民国史。作为当时东北的政治中心，期间经历了两次直奉大战、武装调停中原大战、东北易帜、杨常事件、九一八事变以及新旧中国的巨大变迁，历经沧桑的张氏帅府见证了这跌宕起伏的东北近代史，成为了历史的缩影，也是近代建筑发展的典型代表。

说起张学良将军，人们不可避免地会想到他的红粉知己赵四小姐赵一荻。他们的爱情虽说不上轰轰烈烈，却也是刻骨铭心、感人至深的。在张氏帅府大院东墙外的赵一荻故居是他们俩“当代冰霜爱情”的历史见证，在平凡的生活中演绎着不平凡的爱情故事。赵一荻故居是一座二层中西合璧式建筑，是他们坚贞爱情的见证，也是一处引人驻足的靓丽人文景观。

在时光的长河中，流逝的是历史，留下的是记忆，那一处处历经沧桑的建筑、那一幕幕璀璨绚烂的文化再现，都是岁月的积淀与历史的回忆，见证着永不消逝的华美篇章。

张氏帅府为仿罗马式建筑，是张作霖张学良父子办公的地方，恢宏大气而又精致典雅。

兴城 北国重镇

兴城古城位于辽宁省兴城市，是目前我国保存最为完好的明代 4 座古城之一。古城始建于明朝末期，是一座专为军事防御而建的古城，因此，城内各种军事设施较为完善，形成了系统严密的军事防御体系。历经 500 多年的风雨侵蚀和战争摧残，这座古城的累累伤痕成为历史最真实的记忆。

历来古人建城多分为两种，一种是地势平坦、土地肥沃、交通便利，有利于城市发展；另一种便是居险筑城，易守难攻，可保一方平安。而兴城却是两者兼而有之，地理位置十分重要，为兵家必争之地。这座历史遗留下来的宝贵遗产，见证了明亡清兴的历史更迭，记录了永不褪色的历史痕迹。

古城是一座难得一见的正方形卫城，城墙基用青色条石砌成，城墙外包大块青砖，里边用巨石堆砌而成，中间夹夯黄土，使城墙既古朴厚重，又坚不可摧。古城的东西南北四面皆建有城门，城门上还建有两层高的阁楼，巍然耸立，气势凛然，城楼四角架

古城墙既古朴厚重又坚不可摧。

东北地区古城

“忠贞胆智”坊。

古城中心的钟鼓楼，虽历经沧桑而墙基斑驳剥落，但仍屹立不倒。

设的红衣大炮威风凛凛。当年明清之间的宁远之役，清太祖努尔哈赤便是在此处被红衣大炮击中，身受重伤，回盛京途中不治身亡。4 座城门雄踞四方，巍峨壮观，将城池守护的固若金汤，不给敌人一丝可乘之机。

古城的东南角有一座魁星楼，两层高的楼阁为八角形，结构精巧，玲珑精致。“魁星”是二十八星宿之一，亦称“文曲星”。魁星楼内有一尊魁星像，青面红发，绿眼金睛，样貌可怖，在魁星手中拿着巨大的毛笔，犹如用笔点中状元，这就是传说中的“魁星点状元”。古城的魁星楼有着“关外第一魁星楼”之称。

从古城的南门延辉门进入古城，条石铺就的宽阔笔直的延辉街洁净如洗，清一色的瓦房民居高低错落地伫立两侧，多为明清风格建筑。走在其中，仿佛来到了遥远的明代古城，依稀可见曾经的繁华街景，喧闹的街道，嘈杂的人群，叫卖的小贩，穿梭的孩童，平凡而又幸福的生活。在延辉街上还矗立着两座气势不凡的石牌坊，位于南端的那一座是祖大寿坊，再向北是祖大乐坊。两座牌坊有着一样的形制和结构，都是四柱五楼式，古朴大气。历经 300 多年的风雨沧桑而不倒，是我们现代历史研究的瑰宝，劳动人民石刻艺术的智慧结晶。

古城中心，十字大街交叉处，建有一座钟鼓楼，高 17.2 米，分 3 层，第一层为正方形的基座，整座建筑飞檐翘角，精描彩绘，气势不凡。楼内藏有珍贵的历史文物，记载着古城的发展脉络，展示着兴城悠久的历史。第二层主要展示着来此游览的国内外重要人物的相关资料。第三层是专属袁崇焕的纪念馆，内部的蜡像刻画精细，生动形象，威严庄重的神态似乎在宣告着袁将军“誓与此城共存亡”的决心，令人肃然起敬。

行走在古城，青砖雕砌的古老城墙，南北贯穿的城中街道，历史的记忆悠久绵长。历经几百年的时光，今天古韵沧桑的古城，打开了厚重的城门，如一本翻开的古书，静待我们去细细品读。

旅游小贴士

地理位置： 辽宁省兴城市

最佳时节： 四季皆宜

旅游景点： 古城、魁星楼、祖氏牌坊、钟鼓楼等

特色风味： 面茶、煎饼、切糕、毛粉儿、油炸糕、小锅白糖

吉林 雾凇之都

吉林，我国北方最具魅力的一座山水城市，地处中国东北部的长白山脉腹地、松花江畔，群山环绕、碧水回转，使吉林形成“四面青山三面水，一城山色半城江”的如画美景。

吉林这个唯一与省同名的城市，满语名为“吉林乌拉”，意为“江边的城市”，故又被称为“江城”“北国江城”。它是国家历史文化名城，有着深厚的历史文化底蕴。早在西周时期吉林文化就已诞生，并不断丰富壮大，是中国古文化的先行者。活跃于吉林的高句丽为富有内涵的吉林文化又增添了浓墨重彩的一笔。

提起东北的冬季，人们一定会想起那无边无际的皑皑白雪，还有狂虐的呜呜北风，所有的寒冷似乎都集中在那里。在这严酷的寒冬之下，所有的美景似乎都

松花江上静美的落日景观。

已经沉寂，没有绿草如茵，没有姹紫嫣红，但是当寒冷成为一种极致也就演变成为一种美景。这就是与桂林山水、云南石林、长江三峡并称为中国四大自然奇观的雾凇岛。雾凇岛是吉林省域内松花江上的一个小岛，每年的冬季这里宛若仙境一般。在寒潮滚滚的季节，挺拔直立的青松翠柏、江水两岸枯萎的草丛在皑皑白雪的涂抹下变成玉树琼花，晶莹皎洁。所有的景致都被装扮得婀娜多姿，冰清玉洁，富有美感，富有诗韵。雾凇原名“树挂”，形象生动，后来人们又赋予壮丽的奇观一个更富有诗意的名字——雾凇。雾凇岛的雾凇之所以名闻天下，是在于它范围之广，时间之长以及那形态各异、洁白蓬松的体态，雪白的凇层厚厚的如同刚刚弹过的棉花，晶莹剔透，是大自然创意的杰作。

得天独厚的自然条件打造出吉林独特的自然美景，深厚的历史文化底蕴也成就了吉林多彩的人文景观。吉林的三宝菩提寺，始建于清康熙年间，初名“七圣祠土地庙”（或称“武庙”），民国时更名为“菩提寺”，直到现在又称“三宝菩提寺”，三易其名且三移寺址，如今位于朱雀山主峰的山坳中。菩提寺颇具规模，沿着山势可分为两层，念佛堂、天王殿、大雄宝殿、观音殿、地藏殿、祖师殿等建筑构成庙宇的主体，蔚为壮观。其最独特的地方在于这是一处比丘尼寺院，寺中来往的都是女僧人。

规模宏大、威严壮观的三宝菩提寺。

吉林文庙是清朝在东北地区建立的第一座孔庙，与南京夫子庙、曲阜孔庙、北京孔庙并称为“中国四大文庙”。文庙始建于清乾隆元年（1736 年），是东北地区保存较好、建筑等级较高的一座具有东方建筑特色的清代建筑群。吉林文庙是仿皇宫之制建造的，规模宏大，布局严谨，结构合理，处处都蕴含着浓郁而深刻的儒家文化内涵。同时，儒家文化进驻东北，也代表着清廷对汉文化的接纳与认可。

长白山，这座位于我国吉林省东南部的长白山脉的山峰，也是一座著名的巨型复式休眠火山，经过亿万年的地壳运动和火山喷发、堆叠演变形成了天池、温泉、峡谷、瀑布、火山熔岩林、地下森林等众多千奇百怪的景观，素有“千年积雪万年松，直上人间第一峰”的美誉。其秀美的风光堪比五岳，那澄净而又神秘的气质不输任何其他名山。

长白山天池是长白山的标志和象征，位于海拔 2194 米的白头山山顶之上，是我国最高最大的火山湖泊。天池的形成源于火山喷发，后以积水为湖，湖水澄澈，呈碧翠色，犹如一颗绿宝石镶嵌在洁白的群峰之中。天空中云雾缥缈，冰雪封盖的山脉绵延起伏，天池水波平如镜，果然是“处处高山镜天里”。

吉林还是一个多民族聚集的地方，境内有汉、满、回、朝鲜等 35 个民族，整座城市充斥着多姿多彩的民族风情，无论是乌拉街的满族风情，还是阿拉底村的朝鲜族风情，都富有浓郁的民族特色与地域特征，令人欢喜沉醉。

旅游小贴士

地理位置：吉林省吉林市

最佳时节：四季皆宜

旅游景点：长白山天池、雾凇岛、松花湖、文庙、三宝菩提寺

特色风味：山野菜、大拉皮、打糕、米肠、明太鱼、杀猪菜

文庙是清朝在东北地区建立的第一座孔庙，规制较高，宏大严谨。

群山包围中的天池，明镜般通透无波，池中倒映着蓝天白云，让人分不清何处是天何处是池。

集安 王城遗韵

集安，一座位于吉林省的东南部长白山南麓的边境小城，与朝鲜隔着鸭绿江相望，风光旖旎、景色如画，有着“东北小江南”的称号。悠久的历史在这里留下了灿烂的古代文化和众多的文物古迹，古典隽永的气息弥漫不散，让人心醉的自然美景、让人沉迷的古老文化使人流连忘返。

集安，是坐落在鸭绿江中游的一座古老厚重的历史文化名城，在新旧石器时代，人类就已经在这里繁衍生息，是华夏文明的发祥地之一。集安曾经作为高句丽的政治、经济、文化中心多达400多年，所以在这片土地上遗留下了很多高句丽的文化遗迹，丰富了集安的历史文化。

高句丽是我国古代东北地区的少数民族政权，自公元前37年建立政权开始，只延续了705年就已灭亡，是我国古代北方存在时间最短的少数民族政权，但其中有425年都以集安为都城。在集安市周围的平原上，分布着高句丽时代的古墓多达一万

丸都山城是高句丽时代早、中期的山城之一，修建于崇山峻岭之中，做军事守备之用。

多座，这就是闻名中外的“洞沟古墓群”。其中最为著名的便是于公元 5 世纪之初建立、坐落在集安市东北方位的龙山脚下的高句丽王朝第二十代王长寿王的陵墓——将军墓。巍然耸立的将军墓规模宏大，气势雄伟，造型独特，主体呈方坛阶梯式，外形与古埃及法老的陵墓颇为相似，故有“东方金字塔”之誉。

除此之外，在东沟古墓群禹山墓区东南部的太王乡大北街，有一重要的高句丽碑刻——好太王碑，好太王是高句丽的第 19 代王。呈方柱形的石碑立于一块花岗岩石板上，四周凿有天地格，碑文刻于四面，字体大小均匀，端正有力。碑文主要记录了高句丽的建国传说、征战四方的史料和守墓人的相关信息，是研究高句丽历史的珍贵资料，有着“东方第一碑”之誉。

古墓群中已发现20座拥有精美的壁画，内容丰富，题材广泛，色彩绚丽，雕刻精致，历经千年依旧光彩如昔，被誉为“东北亚艺术宝库”。这些遗迹无不在向世人诉说着一个古老民族辉煌灿烂的文明和独具特色的魅力。

五女峰国家森林公园坐落在集安市的北部、长白山的余脉老岭山脉中，因区内有少女峰、秀女峰、玉女峰、春女峰、参女峰 5 座俊秀挺拔的山峰而得名，瑰丽多姿的自然风光和当地独特的动植物资源都汇集于此。园内风景名胜数不胜数，五女峰、小江南、大峡谷、老虎岩、仙人台、高句丽采石场、洞天皓月、一线天等 14 大景区共 38 处人文自然景观，美不胜收。走进园内，古木森森、小径蜿蜒、峰岭高耸、峡谷幽深、银瀑飞溅、碧潭涟涟，气象万千，如同一幅幅清新自然的山水画卷，置身其中，恍入仙境，使人心旷神怡、流连忘返。

集安市境内岭南、岭北虽相邻，气候特征却迥然不同，主要是由于老岭山脉自东北向西南方向延伸，如同一道天然的屏障阻绝了北来的寒风。独特的气候和地理环境使集安的中草药不仅种类繁多，而且十分珍贵，是名副其实的药库。这里的人参、鹿茸质量好、个头大，天下闻名，被誉为“人参之乡”。灵芝、贝母、党参、哈什蚂、蜂蜜、山野菜、芋头等中草药和土特产更是丰富多样、质量上佳。

好太王碑位于好太王陵东面，被誉为“东方第一碑”，今人外设碑亭使其免遭风雨侵袭。

好太王陵是高句丽的第 19 代王好太王的陵墓。

旅游小贴士

地理位置： 吉林省集安市

最佳时节： 春季

旅游景点： 高句丽古迹、将军墓、好太王陵、五女峰等

特色风味： 山野菜、大拉皮、打糕、米肠、明太鱼、杀猪菜

哈尔滨 东方莫斯科

有人说，哈尔滨就像一位混血美人，这座位于松花江畔的美丽冰城，中西合璧的历史文化名城，不同于古都的纯粹浓厚，不同于现代都市的时尚靓丽，它在百余年的岁月的轮回中、时代的变换下、外来文化的侵染中成长成为一位惊人眼球的混血儿，在众城之中独领风骚。

哈尔滨位于东北亚的腹地，北依小兴安岭，南接长白山脉，横跨松花江，地理位置十分优越，是第一条亚欧大陆桥的重要枢纽，被誉为亚欧大陆桥的明珠。这座从来就不设城墙的城市历史源远流长，在新旧石器时代就已有人类的活动痕迹，更是金源文化的发祥地、满族祖先的兴盛之源。在近百年的历史中，哈尔滨以海纳百川的胸襟与姿态面向世界，多民族、多国家的文化在这里相互交汇融合，打造出了一个多姿多彩的历史文化名城。

这座中西文化完美结合的城市，风光秀丽，充斥着浓郁的东欧情调。其中最具代表性的便是被誉为“哈尔滨第一街”的中央大街，这条闻名全国的步行街上人群往来如梭，街道两旁充满异国情调的建筑鳞次栉比，将哈尔滨这座中西合璧式的城市的内涵展现得淋漓尽致。花岗岩铺就的地板，大理石柱上精致的雕饰，风格独特的拱券高窗，高高突起的穹顶，窗台上镂空的花纹，古老的俄罗斯建筑，在岁月的洗礼中愈加悠远绵长，色泽艳丽如新、恒久不衰。

中央大街是目前亚洲最长最大的步行街。

“索菲亚”在希腊语中是智慧的意思，君士坦丁大帝为供奉智慧之神索菲亚，始建圣 · 索菲亚教堂。坐落在哈尔滨道里区的圣 · 索菲亚教堂是随着东正教传入中国而建立起来的，是远东地区最大的东正教教堂，典雅超俗、恢宏壮观，堪称宗教建筑的典范。圣 · 索菲亚教堂是由俄国建筑师克亚西科夫所设计的，始建于 1907 年，具有典型的拜占庭穹顶。它一开始是作为沙俄军队的随军教堂而修建的，占地 721 平方米，砖木混合结构，高约 53.35 米，平面呈现拉丁十字的布局。它有着俄罗斯风格的穹顶，

远东地区最大的东正教教堂——圣 · 索菲亚教堂。

旅游小贴士

地理位置：黑龙江省哈尔滨市

最佳时节：夏、冬季

旅游景点：中央大街、亚布力滑雪场、冰雪大世界、圣·索非亚教堂

特色风味：白肉血肠、炒肉渍菜粉、红肠、松仁小肚、哈尔滨风干口条

罗马风格的拱券长窗，是多种建筑艺术风格的结合。宏大的规模，精美的造型，极富艺术性，紧紧地吸引着游人的眼神。历经百年沧桑，这座古老的教堂依然屹立在哈尔滨繁华的街头，成为这座城市不可或缺的风景，也成为这座城市重要的文化地标。

冬季来到哈尔滨，一定要体验体验这座“冰城夏都”的魅力。冬日的哈尔滨就是一座“千里冰封，万里雪飘”的晶莹世界，形态各异的冰灯雪雕已然令人惊喜，还有各种大型的滑雪场让人酣畅淋漓地体验滑雪的快感。亚布力滑雪场位于黑龙江省东部的尚志市境内，主要是由长白山脉的 3 座天然的山峰组成，前身为清朝皇室以及满清贵族的狩猎场，现如今是我国境内最大的滑雪场。滑雪场内各项设施非常完善，分为初、中、高三级共 17 根雪道，各种滑雪工具也十分齐全，是举行竞技滑雪和旅游滑雪的最佳场所，被誉为“中国的达沃斯”。

徜徉在童话世界般的哈尔滨，拜占庭式的教堂，俄罗斯式的木屋，哥特式的楼阁……就这样将中西文化的结合刻画得淋漓尽致，哈尔滨之夏音乐会、冰雪大世界、冰灯游园会等，把哈尔滨粗犷豪放的北国风情尽情释放。哈尔滨，处处都是浓郁的异国情、北国景，令人心醉、令人神迷。

哈尔滨冰雪世界里晶莹剔透、精雕细琢的冰建筑。

齐齐哈尔 北国鹤乡

齐齐哈尔，又称为“鹤城”“卜奎”，地处黑龙江西南部的松嫩平原，黑、吉、蒙三省的交汇处，有着800多年的建城史，自古便是北疆的边陲重镇，更是以“扼四达之要冲、为诸城之都会”的重要地理位置而闻名。如今，这座历史悠久、底蕴深厚的北国城市一如既往地绽放着独具风格的文化色彩。

扎龙湿地位于黑龙江省西部松嫩平原，乌裕尔河下游，作为我国最大的珍禽鸟类和湿地生态类型的自然保护区，这里有着最原始的景观、最丰富的湿地物种，是天然的物种库和基因库，是国家重要的自然保护区。其实它是因为乌裕尔河下游没有固定河道、河水漫溏四溢而形成的一大片弱碱性淡水沼泽区，水面有130多万平方米，河流纵横，湖泊广布，水草肥美，鱼虾繁多，是水禽鸟类栖息繁衍的天堂。这里是我国建立的第一个水禽自然保护区，各珍奇禽类中，丹顶鹤无疑是重点保护对象。在这里，

扎龙湿地是我国最大的珍禽鸟类和湿地生态类型的自然保护区。

东北地区最大的综合性公园——龙沙公园。

当地人为纪念寿山将军而建的寿公祠。

登上观鹤台就可观赏群鹤齐飞的壮观景象，丹顶鹤有着洁白的羽毛和黑色的尾羽，头顶一抹鲜亮的红色在团团的白色中格外醒目。站在观景台上往西看，浩瀚的扎龙湖就会映入你的眼帘，在当地，人们都管它叫仙鹤湖。此地水域辽阔，千里澄澈，如同一面镜子，在阳光的映射下，耀眼夺目。你还可以荡起一叶小舟，轻摇双桨，进入扎龙湿地的深处，欣赏那些隐藏的神秘境地。

龙沙公园原名“仓西公园”，坐落在齐齐哈尔市的市中心，是一座大型的综合性公园，始建于 1904 年，是当地最早建立的公园，其名字取自李白的“将军分虎竹，战士卧龙沙”之句。走进园区内，绿荫夹道、古榆参天、百花怒放、碧草连天，一幅清新美丽的自然画卷尽情展现。渐渐入内，碧波涟涟、澄澈明净的劳动湖上拱桥弯如月，湖畔亭台楼阁错落有致，掩映在一片绿荫之中。泛舟湖上，四周风景如画，在湖东的假山上坐落着一座古典精致的园林楼阁——望江楼，它是这里最具代表性的建筑之一，始建于 1908 年，是黑龙江巡抚周树模邀请张朝墉设计改建的，登上楼阁，放眼四野，近景远景尽入眼底。还有为纪念民族英雄寿山将军而建的寿公祠、建于乾隆年间的关帝庙等，都是游览的胜景。来到湖的南端，还可以欣赏东北虎、金钱豹、丹顶鹤等各种稀有的珍禽，也可以去游艺娱乐区体验现代科技为你带来的刺激与快感。

有着丰富的文化底蕴和浓郁的地方特色的齐齐哈尔，一年四季都会举办各式各样的节日和会展，例如 6 月底的碾子山登山节、8 月上旬的观鹤节和下旬的中国（齐齐哈尔）绿色食品博览会、9 月初的梅里斯达斡尔族区那达慕大会及敖包大会、12 月下旬的冰雪游览会等，多种多样，五花八门，带你走进齐齐哈尔，尽情领略当地的民族风情与城市风貌。

齐齐哈尔，一座将北国冰雪风光与南国婉约秀水汇于一身、将北方的粗犷豪迈与南方的秀丽淡雅集于一体的古老城市，在今日依旧散发着无限的风情与魅力。

旅游小贴士

地理位置：黑龙江省齐齐哈尔市

最佳时节：春、夏、秋季

旅游景点：扎龙湿地、龙沙公园、望江楼、关帝庙、寿公祠

特色风味：鸡西冷面、齐齐哈尔烤肉、杀猪菜、烤冷面、得莫利炖活鱼